凯恩斯文集
第14卷

通向繁荣的途径
如何筹措战争费用

陈明衡 译

John Maynard Keynes
THE MEANS TO PROSPERITY
HOW TO PAY FOR THE WAR
本书根据帕尔格雷夫·麦克米伦出版社 2010 年版
《劝说集》(*Essays in Persuasion*)第 VI 部分译出

译 者 序

收在这里的是凯恩斯的两本小册子《通向繁荣的途径》和《如何筹措战争费用》,英文版见于麦克米伦出版社2010年版《劝说集》第六部分。初版《劝说集》并未收入,而是麦克米伦出版社版《凯恩斯全集》编者后来加进去的。因此,蔡受百先生所译《劝说集》(商务印书馆1962年版)也没有这两篇长文。商务印书馆编辑推荐我翻译出来,作为商务印书馆版《凯恩斯文集》第14卷出版。

"文章合为时而著",这两本小册子有明显的政论性质,镌刻了很深的时代特征。小册子主要面向各层面的游说对象,为了增强说服力,凯恩斯灵活运用了各种生动的修辞。因此,想要透彻理解文本及蕴含的思想,需要了解时代环境和学术传承,还需要一定程度上熟悉语言文化背景。正是为了帮助中文读者更好理解这两本小册子,我主要根据罗伯特·斯基德尔斯基的《凯恩斯传》(相蓝欣、储英译,生活·读书·新知三联书店2015年4月版),结合翻译的文本本身,介绍两本小册子的时代背景、学术背景及各界反应如下(尽量与已译出来的导论内容不重复)。

一

《通向繁荣的途径》写于 1933 年 2 月底 3 月初。当时西方世界正处于经济危机中，英国经济陷入困顿，实际利率下降，货币贬值，失业率居高不下，国民产出低迷。当时，英国保守党占绝对多数的联合内阁，坚持并实现了财政预算平衡；但是人们的信心没有恢复，私人投资被国民总收入下降压得抬不起头，无法带动经济复苏。针对是不是应该坚持预算平衡，是不是应该加大公共投资，英国的经济学界以剑桥大学与伦敦经济学院为代表，分成了两大阵营：伦敦经济学院（格利高里、哈耶克、罗宾斯等）支持预算平衡的政策；剑桥大学（庇古、凯恩斯、斯坦普等）批评预算平衡，鼓吹廉价货币和更加积极的预算政策。

凯恩斯于 1932 年第四季度已经开始在这方面的公开游说活动。此时他认为，实施更加积极预算政策的社会心理条件已经成熟。1933 年 1 月，他在一次广播谈话中提出了两个富有感召力的口号：一是"首先关心失业问题，预算问题将会自我修复"；二是"如果想要健康的消费状态，我们必须储蓄；如果想要健康的储蓄状态，我们必须消费"。影响逐渐深入人心。2 月，他开始写作评论现状的系列文章，于 3 月 13 日至 16 日发表在《泰晤士报》上，主题分别是"为政府的活动辩护""提高物价""世界的任务"和"新货币发行"；随即扩写为《通向繁荣的途径》小册子，在英国和美国差不多同时出版。凯恩斯的目的，是想影响 4 月将要出笼的英国政府预算和 6 月将于伦敦召开的世界经济会议。因此，小册子既讨论英国的对策措施，也讨论世界经济复苏之道，而且说明两者是不可割裂开来的。

评论文章和小册子取得了不俗的舆论效果，在英美等国都引起了大辩论。人们开始理解凯恩斯的新思想，把"经济反弹"这样的概念挂在嘴边，政府部门的官员也在精心研读凯恩斯的文章。但是，要英国政府和国际社会接受并实施凯恩斯的建议方案，还是困难重重。英国财政大臣张伯伦专门与凯恩斯做了面谈，但一时仍然不改削减预算开支的成见。在4月25日的预算演说中，张伯伦宣称："没有任何一位财政大臣会故意制造一个不平衡的预算。"英格兰银行也做出反应，强调凯恩斯方案的国际影响、对英镑汇率的影响，反对将管理金本位的大权交给一个国际机构。6—7月间的伦敦世界经济会议则毫无建树。会议期间，美国总统罗斯福宣称他对"稳定货币"不感兴趣，这让会议代表包括美国代表都感到手足无措。各国意见不一：法国要求恢复国际金本位体系，英国和刚刚退出金本位的美国不同意；美国支持国际公共工程投资计划，英国不赞成。会议没有产生任何行动方案，草草休会。

总之，《通向繁荣的途径》在实际影响层面没有取得立竿见影的效果。但是，这本小册子的出版，标志着以乘数分析为基础的凯恩斯革命开始进入通向胜利的坦途。到第二次世界大战期间及战后，凯恩斯经济学开始大行其道，成为政府制定经济政策的指导思想，以致1940年凯恩斯又要在《如何筹措战争费用》中大力纠偏。

另一方面，从学术上看，《通向繁荣的途径》是凯恩斯革命的一份核心文献，是凯恩斯思想从《货币论》发展到《就业、利息和货币通论》的关键一步。

以1936年2月出版的《通论》为标志的凯恩斯革命，在凯恩斯本人自有久远的思想历程。1929年的《劳合·乔治能办到吗?》小册子,已经包含了与《通论》直接相关的一些新思想、新论点。但是,这些新思想、新观点只是初步的,与后来完整的就业理论、抽象化和数理化的乘数理论相比,相距甚远。当时,凯恩斯重点还在撰写后剑桥货币调节传统的专著《货币论》,直到1930年10月出版。

1931年,凯恩斯的学生卡恩撰写了"国内投资与失业的关系"一文。这篇论文把乘数理论的抽象化、数理化推进了一大步,使凯恩斯原来隐约表述的乘数思想,能够以数学的形式确定下来。这篇论文还首次揭露了总产量既定(即充分就业)的假定只适用于特殊情况,不适用于一般情况(即本书第三章最后一段的观点)。但这篇论文也有明显的局限性。它是为反驳财政部否定公共工程投资的意见而作,目的只是更准确地估计公共工程投资的有益影响,没有把乘数理论纳入到决定就业水平的新理论中,甚至论文中还找不到"乘数"(multiplier)一词。可见,卡恩的乘数理论是不成熟的。另外,他的理论框架里也没有边际消费倾向即消费函数的概念。

1932年10月至1933年年初,凯恩斯在剑桥大学做的两个系列共八次讲课,揭露出了后来的《通论》中很多众所周知的理论基石。他在第一讲中就提出核心问题:在货币经济中,什么因素决定产出大小?答案是总支出决定总产出。但是,《通论》的很多逻辑此时尚未理顺,讲课思想也不够清晰,其中一个原因,是凯恩斯没有用上卡恩的乘数分析。与卡恩一样,此时他也没有看出乘数分析与货币均衡分析之间的逻辑关系。

待到1933年3月《通向繁荣的途径》发表,凯恩斯才充分利用乘数理论观点,把《通论》的新理论体系初步建立起来。这里又有一个关系到乘数理论的细节：1933年3月4篇文章在《泰晤士报》发表后，为了回应人们对乘数原理的质疑和批评，凯恩斯又撰写了"乘数"一文。在英国出版的《通向繁荣的途径》小册子没有这部分内容，而在美国出版的小册子（即这个译本的原文）包含了"乘数"一文的主体部分，增补在第二和第三章中。与英国出版的《通向繁荣的途径》相比，"乘数"一文又向边际消费倾向分析迈出了重要一步。因为在前者中，凯恩斯只是用漏损来说明乘数不会无穷大，而在后者中，凯恩斯引入了消费—收入比来计算乘数值。当然，这个阶段，乘数理论尚未最终完成，因为用于计算乘数值的两部分比例大小都还是假定的，从0.7的边际消费倾向，求出乘数值为2，还有一些令人费解和容易引起混乱的地方。

综上，《通向繁荣的途径》搭建了《通论》的基本思想和论证框架，成为《通论》的重要里程碑。"从《通向繁荣的途径》到《通论》，只不过一步之遥。"（萨缪尔森语）

二

《如何筹措战争费用》出版于第二次世界大战初期，最初由一篇演讲发展而来，凯恩斯针对后续的反响，进行了大量的辩论、补充和妥协，最终形成现在的定本。

1939年9月1日，德国进犯波兰，3日，英法两国对德宣战，第二次世界大战爆发。英国政府经济政策从和平转入战时的速度很慢。财政大臣西蒙于1939年9月27日发布了第一个战争预算方案，延续了以借款筹集军备生产费用的政策，即赤字财政——这种政策实际上是凯恩斯在《通论》中提出来的。

当时,凯恩斯没有参与政府战时经济管理的工作,但他敏锐思考着战时财政问题。在当局仍然囿于他的《通论》方法时,他本人已经跳出了《通论》的思维定势,跳出了失业问题。因为,不言而喻,战争不仅是绞肉机,战争也是吞金兽,随着国家被拖入战争,主要经济问题不再是失业和资源闲置,而是资源匮乏,消费和战争消耗超过生产潜力。凯恩斯在9月28日的《泰晤士报》上撰文说,现在和将来的问题不在于需求不足,而是需求过剩,应当在充分就业的战争经济条件下限制非军事消费。

凯恩斯关于战时财政问题的目标定位是:如何有效动员国内外资源为战争服务,同时又要着眼未来,使对战后的和平重建损害最小——这就是凯恩斯的"如何筹措战争费用"问题。从一开始,凯恩斯就在一点上非常明确:政府必须想出办法制止人们花光由于政府支出所带来的额外收入,否则将影响战争的需求。还有一些思想,也是他思考战时财政问题的前提,如:反对广泛的价格管制,最大限度地维持自然价格的机制,利用浮动物价刺激国内必需品生产;反对物品的定量供应,以货币的定量供应取而代之——他始终坚持这两种定量供应政策的区别。基于这些目标定位和前提条件,凯恩斯通过一系列演讲、写作、通信等,提出了如何筹措战争费用的"凯恩斯计划"。

"凯恩斯计划"在1939年10月的一次演讲中首次披露。事后他把这个演讲改写成文章,投到《泰晤士报》发表。在文章中,凯恩斯提出的药方是"强制储蓄",以限制工人阶级购买力的上升。对于在政府规定的最低工资收入以上的部分,用一种递进的百分比把一定比例的收入直接交给政府,其中一些是税收,另一些是强制性的储蓄。强制储蓄在战后将分期返还给个人,以应付战后初期的经济困难。强制储蓄有多种好处:它限制了工人阶级的消费,但没有剥夺他们经过更大努力获得的利益;它大幅度降低了富人的消费,但没有对他们征收惩罚性、抑制性的高税率;对税后收入或非税收入征收附加额,而不是增加税率,这样将使战后和平重建时期的税收负担不会太重;同时,强制储蓄避免了对消费和物价的全面配额和控制。这篇文章主要反对的是那种降低工人阶级消费水平的"通货膨胀加消费配额供应"政策。

在《泰晤士报》上发表的"凯恩斯计划"受到了广泛关注。经济学界普遍赞同凯恩斯的逻辑。几乎所有经济学家都热情地接受这种"稀缺经济学"——不同于凯恩斯《通论》中的"资源富足经济学"。在"稀缺经济学"上,凯恩斯学派和非凯恩斯学派存在共识。对这个计划的支持有着特别重要意义的,是与凯恩斯站在"对立面"的哈耶克的赞成态度。哈耶克于11月24日在《旁观者》杂志上公开称赞"凯恩斯计划"。在给凯恩斯的信中,哈耶克说:"很高兴地知道我们在'资源稀缺经济学'上观点完全一致,分歧只不过在于在何处使用这个经济学。"

"凯恩斯计划"之所以引起经济学者的共鸣和支持,是因为该计划直截了当地指出,只有强行把工薪阶层上升的购买力中的一部分撤离出市场,才有办法应付战争费用。然而,也恰恰是这一点,让工党领袖和工会运动领袖等自称代表工人阶级的政治人物横加反对。他们非常反感"强制储蓄"的概念,声称要"捍卫自愿储蓄和自由的工会主义"。工党副领袖格林伍德在《每日快报》上撰文,说"凯恩斯计划"有"希特勒主义"的味道。工会运动的领导人贝文说政府有责任控制物价,如果做不到,他将用集体谈判的方法捍卫工人的实际工资水平。他们不顾逻辑、不问学理,没有充分考虑战争状态下的具体约束,只有高大上的道德说教和理想承诺。凯恩斯计划遭到工党的反对,还有一个关键是他低估了消费品配额管制的吸引力。正如当时有人说的,"没有人会关心公正的问题;平等才是最重要的"。工党一派在迎合乃至利用关心"平等"的"民意"。

《泰晤士报》上的文章发表后,凯恩斯继续做大量的说服工作,主要对象是工党。他把《泰晤士报》上的文章寄给工党领袖艾德礼,并写了一封私信,说他的计划"是管理战时财政的唯一办法,而且对工人阶级来说也是公平和有利的"。艾德礼回信说"凯恩斯计划"不可接受。凯恩斯写信给他:"实际问题是,你是否情愿被其他方法所惩罚呢?你说你对任何计划都不能接受,这是毫无用处的。不管何种方法,收入的降低在所难免。"强制储蓄的一大优势是工人阶级并不会失去工资上升带来的好处,而不过是推迟消费而已。传统的税收制度或通货膨胀政策都做不到这一点。

随后几个月里,他不厌其烦地在白厅、议会和媒体游说。1940年2月,凯恩斯在对费边社成员的演讲中说道:自从战争开始,他就一直专注于如何在大众心理能接受,并且反映出社会公正的条件下减少消费的问题。他不喜欢传统的"自由主义"经济用通货膨胀来解决问题的办法,也讨厌那种"新型的集权主义方式",将生活必需品全面管制起来,这将使英国成为一个奴隶制国家。两者的调和——一方面是集权对必需消费品的管制,另一方面是通货膨胀对其他消费领域的控制——也不能令人满意。正确的解决方法是将购买力固定下来，然后允许人们自由地消费。同时，要保证国家的债务由那些实际的债权人即工薪阶层拥有。在此基础上，通过精心策划，把财政制度变成社会改革的引擎。

他的劝导活动的高潮是1940年2月出版的这本小册子《如何筹措战争费用》。小册子相对于最初的核心文章，做出了很多补充论证和方案妥协，在政策细节上做出修正以回应对他的批评和建议，争取计划能够被广泛接受。针对工人阶级，他加上了对最低工资收入的家庭进行生活补贴；一反他的自由主义的本能，提出了政府津贴支持下的消费品配额制。针对财政上的正统派，他加上了资本税，以抵消延迟支付的工资所产生的债务。他承认政府津贴也许是工资控制的交换条件，同时还有额外的经济保障以抵消现行税制下对儿童减免的税额的降低。经过艰苦的游说，工党和工会领袖对"凯恩斯计划"的反应有所改观，但并没有取得最终的一致。

除了工党和工会领袖，财政部的态度对于"凯恩斯计划"能否付诸实施同样重要。传统观念认为，为弥补财政赤字所借来的资金如果被相应数量的自愿储蓄所抵消，就不会有通货膨胀。因此，财政部官员"以他们认为公众可以接受的水平把税收提高到极限，然后他们又希望从资本市场挤走的资金数量不要大于自愿储蓄的数量"。这就是他们特别热衷于支持"国民储蓄运动"的原因。财政部官员尚未意识到，如果政府借来的那部分储蓄本身是政府增加的支出创造出来的话，这种借贷有可能引起通货膨胀。凯恩斯第一次提出了两个明确的命题："筹措战争费用"的含义是在战争需要的条件下减少民众的消费；政府只用税收和贷款来筹措战争费用的话，不可能在没有通货膨胀的情况下促成消费减少。

财政部反对凯恩斯计划还有另一个重要的实际原因。从公众手里取走多少购买力，需要以"总购买力"超过"总供给"多少的知识为基础，而在当时，财政部对此并无概念。凯恩斯从1937年开始就一直呼吁政府建立国民收入的统计数据，但无人理会。因此，这时凯恩斯只能用简单、粗糙的演算方法，推测战争费用的缺口。凯恩斯在本书中所做的估算，是基于克拉克在1938年的开拓性研究成果，并由一位年轻德国移民罗斯巴斯加以更新。所有这些数字在逻辑上是讲得通的，但有点粗糙，凯恩斯对数字的判断过于大胆，波动很大。这种猜测性的判断很难被财政部采用作为财政政策的基础。当然，凯恩斯在判断上也有错误，如他对英国的税收基础的弹性估计不足。他在1939年年末认为英国人已经达到了税收水平的承受极限，后来的事实证明其实不然。

财政部知道英国不可能同时拥有更多的"大炮和黄油"，但它觉得暂时性的通货膨胀是害处最小的选择。财政部认为，凯恩斯的游说宣传也可以让民众对将来有必要征收高税收时做好思想准备，但目前没有必要采纳凯恩斯别具一格的政策建议。因此，财政大臣西蒙对"凯恩斯计划"的兴趣是虚假的。西蒙在1940年4月的预算方案中预计了财政赤字，并对自愿借贷的前景做了"荒谬的乐观估计"。他特意拒绝了强制储蓄的建议，声称它会扼杀自愿储蓄。

财政部的金融战略是基于对战争的政治和军事上的乐观判断。这些判断很快就被击得粉碎。1940年5月10日，第三帝国对比利时、荷兰和法国发动军事进攻。同一日，张伯伦内阁倒台，丘吉尔成为首相，保守党、工党和自由党的联合内阁成立。新任财政大臣金斯莱·伍德先后请凯恩斯担任财政部的咨询委员会成员、预算委员会成员等。凯恩斯继续对财政部的说服工作。他不是再一次为他的"推迟支付工资"进行辩护，而是争取财政部接受他的理论方法以创造一种对"预算的判断"。但伍德的预算方案并不是以凯恩斯的计划为蓝本，他"采用了凯恩斯的技术，但他的预算哲学是社会主义的，而不是凯恩斯主义的"。直到1941年4月，凯恩斯的计划才被政府部分采纳。

通过这本小册子及前后的辩论，凯恩斯对国内战时财政做出了多方面的贡献。他说服财政部和英格兰银行采纳廉价货币的政策；他阐明了通货财政的含义，将预算变成控制通货膨胀的有效武器；他把预算的社会功能放在中心位置。他说："战争预算的重要性在于社会方面，即防止现在或将来的由通货膨胀带来的社会邪恶；而且，要用一种能够让大众都理解的符合社会公正的方法做到这一点；与此同时，还要保持对工作和整个经济的刺激因素。"当然，政府的财政政策只是在某些时候受凯恩斯的社会哲学的影响。但即使不同意凯恩斯政治价值观的人，也会用凯恩斯的逻辑来管理经济。

凯恩斯的宣传鼓动产生的另一个实际结果，是促成建立了斯坦普委员会，其任务是搜集国民收入的统计数据。到1940年冬天，斯坦普主持的国民收入普查完成了一些更具有权威性的统计数字。凯恩斯最初促动的国民收入账户方面的研究统计工作，后来至少造就了两位诺贝尔经济学奖得主：1977年得主詹姆斯·米德和1984年得主理查德·斯通——他们都直接从事了当时英国政府编制国民收入账户系统的工作。

关于这本小册子的学术意义和其在凯恩斯学术生涯中的地位，

《凯恩斯传》作者斯基德尔斯基评价道：

> 对凯恩斯的政治遗产做任何评估都不能忽略《如何筹措战争费用》这本书。战争结束以后，列昂奈尔·罗宾斯提到，管理战时经济有两种观念——财政理论和计划经济理论。根据财政理论，政府应当放弃必要的购买力，以避免通货膨胀；同时，让价格体制决定资源的配置。由于凯恩斯常常被人们误解为是计划经济的鼓吹者，我们有必要在这里强调指出，他支持用财政理论管理战争经济。更重要的是，他是财政理论的创始人，他创造这个理论的目的正是要防止"集权主义"的计划经济。他并不认为需求管理对计划经济、固定价格、消费品配额供应、官僚管理机制等是一个有用的工具。相反，他认为需求管理在战时与和平年代一样，是计划经济的替代物。
>
> 《如何筹措战争费用》可以说是凯恩斯取得的成就的精华所在。这本小册子涵盖了他那复杂个性的各个方面的素质。在理论与实践的结合，经济原则与政治哲学的联系上，凯恩斯都达到了最有说服力的艺术表现。他的理念的核心是对现代社会的一种理解，他认为现代社会已不能承受市场机制的失灵所带来的"自然疗法"——通货膨胀和失业——的压力。他得出的解决方法是建立一种永久性的调节支出的体制，以避免过度的繁荣和衰退。他的战时经济管理计划乃是第一步，因为在政治上，以反通胀的政策开始比较能够被接受。他的逻辑仍然遭受许多人的反对，右派的政客和经济学家继续站在传统的自由放任的立场上。即使左派也对此感到不满意，因为大多数社

会主义者都把战争看作是引入计划经济——不仅仅在战时，而是永久性地——的大好时机。凯恩斯对这些观念进行了坚决的抵制，他要捍卫价格体制和消费者自由。他写道："我抓住这个机会在集权主义和自由经济之间引进一个政策原则。"这正是他对"中间道路"的一种哲学表述。

这就是这本小册子出版的背景和各界反应，前后过程充分体现了理论的互动性、理论的劝说与动员的功能，以及深远的影响力。读者可以先阅读莫格里奇写的《导论》和以上介绍，再深研凯恩斯的原文。

重申一句：以上介绍内容大量来自斯基德尔斯基的《凯恩斯传》相关章节，我只是做了摘抄和梳理，并结合翻译过程中的理解略有补充，希望有助于读者读懂两本小册子并认识它们的意义。

另外，中国人民大学出版社 2016 年 1 月出版的李井奎先生译的《通往繁荣之路》一书，收入了这两本小册子。我是在自己的译稿完成后，才从好友孙扬子那里得知这一书讯的。但因部分译稿已交出版社，我只来得及就《通向繁荣的途径》参照李先生译本做一些订正，《如何筹措战争费用》则未及借鉴。读者可以参照阅读两种译本。

陈明衡

2021 年 11 月于丽水接官亭

目 录

通向繁荣的途径

编者按 …………………………………………………… 3
导论 ……………………………………………………… 4
第一章　问题的性质 …………………………………… 11
第二章　国内的扩张 …………………………………… 14
第三章　减轻预算压力 ………………………………… 20
第四章　提高物价 ……………………………………… 26
第五章　给世界经济会议的建议 ……………………… 31
第六章　国际黄金兑换券发行与金本位 ……………… 37
第七章　结论 …………………………………………… 41

如何筹措战争费用

编者按 …………………………………………………… 47
导论 ……………………………………………………… 48
前言 ……………………………………………………… 56
第一章　问题的性质 …………………………………… 60
第二章　解决方案的性质 ……………………………… 66

第三章　我们的生产能力和国民收入 …………………… 70

第四章　富人能为战争筹款吗？ ………………………… 75

第五章　延迟支付、家庭补贴和廉价配给的计划 ……… 81

第六章　细节之说明 ……………………………………… 87

第七章　延迟支付的释放与资本税 ……………………… 95

第八章　定量配给、价格管制与工资管制 …………… 100

第九章　自愿储蓄与通货膨胀机制 …………………… 105

第十章　法国采取的办法 ……………………………… 117

附录一　国民收入 ……………………………………… 121

附录二　我们的海外资源 ……………………………… 125

附录三　家庭补贴的成本 ……………………………… 129

附录四　延迟支付与直接税收合计的公式 …………… 131

致谢 ……………………………………………………… 133

索引 ……………………………………………………… 134

通向繁荣的途径

编　者　按[*]

  1933年3月,《泰晤士报》刊发了凯恩斯的一组四篇文章,总题为"通向繁荣的途径"。这组文章激起了广泛讨论,当月即以小册子形式重印出版。在英国出版的小册子中,增添了引言[**]和结论两章,中间第二至第五章与刊登在1933年3月13日至16日《泰晤士报》上的文本大体一致。在美国版本(即这里翻译的原本)中,凯恩斯从自己发表于1933年4月1日《新政治家与国家》杂志的"乘数"一文里,增补了一些材料进来,[***]并做了另外几处修改。由于有这个关于乘数的扩充讨论,我们这里选择了美国版本。美国版本与英国版本之不同,除了个别单词,如美国版本在"政府"前面加"英国"的情况之外,其余都随文注出。凯恩斯的原有脚注,则以方括号标识。

---

  [*] 这部分是帕尔格雷夫·麦克米伦出版社2010年版《劝说集》编者的按语。——译者
  [**] 即本书中《通向繁荣的途径》的第一章。——译者
  [***] 增补的大体上是第二章第一个脚注至第三章第一个脚注之间的内容。因此,最初的四篇文章变成了美国版本的中间五章。——译者

导 论[*]

唐纳德·莫格里奇(Donald Moggridge)

《通向繁荣的途径》记录了凯恩斯思想发展的重要阶段。在这本小册子中,凯恩斯首次提出了讨论有效需求的《通论》的理论核心——产出均衡原理;也是在这本小册子中,凯恩斯唯一一次对国际货币改革发表意见——这个意见不是他自己的,而是来自亨德森(Hubert Henderson),并发展成为英国政府的建议,通过政府的经济咨询委员会(凯恩斯是委员之一),提交给随后召开的世界经济会议。

1929—1931年间,凯恩斯的小册子《劳合·乔治能办到吗?》背后的逻辑,以及增加公共投资的建议,都反映了《货币论》中说的"特殊情况",即,在汇率被高估的国家,利率政策不能刺激投资。这就意味着,当英国摆脱金本位,英镑贬值时,加大公共工程投资将无济于事。因为这时,以利率政策刺激国内投资的做法(即《货币论》的"一般情况")将会盛行起来。结果,1931年9月后的一段时间,凯恩斯没有再提倡把依靠大量贷款的公共工程投资,作为应对失业问题的办法。相反,他的注意力转移到了降低长期利率的需要上。

---

[*] 该导论是莫格里奇为2010年新版《劝说集》所作导论的第七部分,主要介绍《通向繁荣的途径》,因此移译于此。——译者

1931年金融危机之前，财政部已经开始计划要像1888年那样，把大部分国债转换为利率更低的债务。在1931年4月的预算中，甚至为此赋予了必要的权力。是危机让这些计划暂停下来。凯恩斯担心，财政部会按捺不住，想着利率一旦开始下降就尽快转换。如他在1931年11月16日"货币问题"一文中写的：

> 财政部的铁的规则是不发放新的贷款，无论是转换发行，还是新放贷款，除非可以在10年内由自己选择时机，按照发行价偿还贷款（最高可偿付3%的利率）。

事态的发展比凯恩斯预料的还要快，银行利率从英镑与黄金脱钩时的6%，到1932年6月30日已降至2%（1897年以来第一次达到这个水平）。6月30日晚，财政大臣宣布了一项转换方案，把战争贷款1929/47（它占了国债的1/4强）的5%的利率，转换为3.5%的利率。

到那时，凯恩斯开始质疑：廉价货币究竟能否促进经济复苏？① 如他在1932年2月的演讲中说的：

> 我不能确信……在这种情况下，廉价货币本身能否带来新投资的充分复苏。廉价货币意味着无风险利率（或推测无风险的利率）会很低。但现实中的企业总是存在一定风险。可能的情况是：放贷人的信心已经被自身经历打击得七零八落，但他

---

① 在《货币论》中，他已提出，1890年代初期的经济衰退可能已经是这种情况。

6　通向繁荣的途径

　　仍然会向新的借款企业要求一个高利率,一个借款企业预期赚不到的水平……

　　　　如果事实确是如此,就没有办法摆脱漫长的,也许是无止境的衰退,除非政府直接出手,促成和资助新的投资。我满怀信心地预计,我们唯一的方法是找到一个大家公认的目标,作为大幅增加支出的正当理由!

凯恩斯开始小心地、试探性地倡导刺激经济的政府投资,以提高经济活跃程度,使借贷双方的预期可以大幅增强廉价货币在促进经济复苏上的惯常作用。1932 年接下来的大部分时间里,凯恩斯利用这种观点,鼓动"明智的支出",特别是扭转 1931 年危机中地方政府削减投资的局面。但在表现形式上,他的主张显得很软弱,只是签署由他人起草的联名信,投给新闻媒体。①

没过多久,凯恩斯开始更强烈、更专注地支持扩大贷款融资的公共工程。《通向繁荣的途径》最清楚地证明了这一点。这本小册子在发行之前,发表于 1933 年 3 月 13 日至 16 日的《泰晤士报》。4 月 1 日发表于《新政治家与国家》杂志的"乘数"一文也并入了美国版本的小册子。它们反映了凯恩斯思想发展的关键一步:从 1930 年 10 月底出版的《货币论》,跨越到 1936 年 2 月初出版的《就业、利息和货币通论》。

---

① 如 7 月 5 日《泰晤士报》(罗伊·哈罗德和詹姆斯·米德起草),41 位学院派经济学家署名;10 月 17 日《泰晤士报》(剑桥大学政治经济学教授 A.C. 庇古起草),戴维·麦克格瑞戈(牛津大学政治经济学教授)、凯恩斯、沃尔特·莱顿、乔赛亚·斯坦普、亚瑟·索尔特等署名。

1930年秋至1933年春，凯恩斯的思想发展，轮廓上相当清晰。《货币论》在1930—1931年间得到了大量讨论。很多讨论是批评性的；因为这些批评，凯恩斯决定重新展开他的分析。正如他于1931年12月9日告诉卡尔多(Nicholas Kaldor)的，"我正努力从不同角度更清晰地重新阐述整个问题；两年后，应该可以出版经过修订的、更完整的版本"。

《通论》出版后，凯恩斯开始了他的探寻之旅。他认为，构成《通论》的一共有四方基石，分别是：(1)有关消费与收入之关系的"心理法则"的阐述；(2)有效需求理论；(3)作为流动性偏好的衡量标准的利息概念；(4)资本的边际效益。

学术上关于《通论》结构的解释，通常都以这个清单为基础，增减一些项目。所有解释都包含了前两项，它们强调隐含在乘数中的产出变化的平衡作用。但是，大家认同特定项目的内涵，并不意味着就对"凯恩斯何时发展了这种思想"的问题达成了共识。所谓凯恩斯的思想发展，可以从"凯恩斯思想发展的迹象(代表最初见解，也许只是零散的思想火花)"，到面向专业读者的学说的全面阐述(这个标准适合于把一项科学发现归功于一人的情况)。① 后一种标准会带来一组迟于前一种标准的时间节点。前一种标准还有另一种风险，如凯恩斯在《通论》出版后回忆的：②

---

① 两个极端，分别来自克拉克(P. Clarke)《发展中的凯恩斯革命》(Clarendon Press 1988, 258)和帕廷金(D. Patinkin)《通论的预言及其他关于凯恩斯的论文》(University of Chicago Press 1982, Part I)。

② British Library, ADD.57923, JMK to O.T. Falk, 19 February 1936.

一个人在找到通往终点的道路之前,已经看到那个终点——这是原创性研究的心理学中最晦涩的问题。从某种意义上说,一个人最先看到的是终点。但是,这时看到的终点,其实往往是虚幻的。一个人的最初直觉,只有很小一部分会在寻找通往终点的道路的过程中留存下来。

我们通过对可以找到的草稿、通信、讲稿、出版物的分析,可以确定,凯恩斯采用有效需求的产出均衡理论的时间,是在1932年年末或1933年年初。

这一判断有两个关键的证据。一是凯恩斯为自己的《传记文集》准备的讨论马尔萨斯的论文。这篇论文是一个演讲报告的修订稿,是他花费多年时间,大量阅读马尔萨斯与李嘉图的通信后写成的。这些通信由斯拉法收集起来,用来编辑李嘉图文集。1932年11月末,凯恩斯还在重写这篇论文;次年1月初,他便将校样返给出版社。这篇论文的很多修订,都涉及有效需求理论。凯恩斯把马尔萨斯看作是这种新思想的先驱。

第二个关键证据就是这本《通向繁荣的途径》,完成于1933年3月6日。《通向繁荣的途径》发表之后,凯恩斯开始思考如何扩充论证。他在4月1日提到,其中之一是"如何扩充推理的链条,由此,我想到了联系次级就业与初始就业的乘数概念"。在"乘数"一文中,他认为,在一个没有外部连锁反应的开放经济体中,考虑到收入分配变化引起的边际消费倾向波动,乘数可能是2。他还就支出减少的情况阐述了对称的机制。在此基础上,他讨论了扩张性预算的建议——所谓扩张性预算,包含0.6亿英镑贷款融资的资本支出和0.5亿英镑的减税。

《通向繁荣的途径》还涉及有关国际黄金通货（gold currency）的建议，即上面提到的亨德森方案的修订版。这个方案，也叫"洛桑货币建议案"，是1932年5月提出来的。英国政府对亨德森方案做了各方面修订，形成财政部的比较稳妥的版本，作为英国政府的官方建议，提交给随后召开的世界经济会议。

凯恩斯对亨德森方案的修改，还考虑了国际清算银行发行黄金等价兑换券（gold-equivalent notes）问题。但他分配这些兑换券的原则，是基于一个国家在1928年年末持有的黄金数量（但最多不超过0.9亿英镑）。为了得到这些兑换券，各国必须采用固定汇率，撤销汇兑限制。相关国家可以使用这些兑换券偿还债务，弥补由国内扩张计划引起的国际收支逆差。管理兑换券的供应，或者说，调控每个国家用于替代兑换券的黄金债券的利率，"其唯一目的，是避免国际贸易的主要商品的黄金定价水平上涨太高，超过处于现有水平与1928年（也可能是1930年）水平之间的某个协商一致的标准"。

黄金兑换券、黄金债券的存在，意味着各成员国有限度地恢复了金本位，但这种金本位允许汇率有5%的波动幅度，并规定："如有必要，实际平价可以像银行利率一样，根据环境的要求不时做出调整。"（重复《货币改革论》中的观点）凯恩斯认为，这些措施将使方案有足够的灵活性，容易被大家接受。①

---

① 1930年代后期，凯恩斯进一步认为，这种可调节的锚定，可能导致大量不良的投机资本流动，并且只在汇兑管制的情况下才起作用。后来他在向国际货币基金组织的前身提出战时建议时，仍然坚持这个观点。

《通向繁荣的途径》作为一篇劝说性论著,其影响很是复杂。国际货币建议部分在凯恩斯的文章发表之前,已经得到很多正式的讨论。财政部的较为稳妥的版本,甚至已经拿给美国人看了;但美国人对这个版本以及凯恩斯发表的版本都有不同意见。如果世界经济会议上有合适的机会,这个版本仍然可以用得上。但是,7月3日爆出了罗斯福总统拒绝汇率稳定协议的"爆炸性"消息,会议谈崩了。

国内建议部分直接影响很小。3月16日,① 凯恩斯应邀与财政大臣张伯伦见了面。事后凯恩斯说道:财政大臣"好像相当生疏,他以开放的心态和看似同情的心理,倾听着每一件事情,但都是浅尝辄止"。而正如凯恩斯批评的,预算案本身还是依然故我,没有改进。后来,在建造玛丽皇后号邮轮、铺设新的电话交换系统、延伸伦敦地铁线路等工程上,政府还是给予了一些援助。但不清楚的是,在张伯伦的思想中,这些援助决策是否与凯恩斯的论断有关。不过毋庸置疑,随着时间推移,这些论断慢慢影响到了政府官员。

---

① 这个日期容有错误,见斯基德尔斯基《凯恩斯传》中文版第550页,但原文如此。——译者

第一章 问题的性质

如果我们的贫困来自饥荒、地震或者战争,即我们缺乏物资以及生产那些物资的资源的话,那么,除了努力工作、节约开支、发明创造外,再没有其他路径可以通向繁荣。但事实上,我们当前的困境显然是另一种类型。它来自精神层面非物质的设计的失败,来自动机发挥作用的失败——动机带来自我意志的决策与行动,是把已经拥有的资源和技术手段付诸活动所必需的。这就好像两个司机开车在公路中间交会,因为都不知道交通规则,就不能顺当地擦肩而过。靠他们自己的体力不行,汽车工程师帮不了忙,改善路况也无济于事。除了一点(a little)① 清晰的思路,其他都不需要,也没有用。

同样,我们现在面临的问题,不是人的体力和耐力的问题;不是工程问题或者农业问题;甚至不是商业问题——所谓商业问题一般是指计算、处理、组织行动,由此个体企业家可以改善自己的处境;也不是财务问题*——所谓财务问题,一般是指做出精明判断的原则与方法,借此可以养成持久的关系,避免不利的对外承诺。相反,它是一个最严谨意义上的经济学问题,或者更准确地说,是

---

① 在英国版本中,这里是"a very little"(很少一点)。(阿拉伯数字注均为《劝说集》的编者所做。——译者)

* banking problem,直译应是银行问题。——译者

经济理论和政治艺术的融合,即政治经济学的问题。

我之所以关注这个问题的性质,是因为它会为我们指明问题解决办法的性质。合乎情理的考虑是:解决问题的办法,应该在规则设计(device)方面寻找。但是,很多人猜忌所谓规则设计,本能地怀疑它的效力。还有一些人认为,解决问题只能诉诸辛勤劳作、忍耐、节俭、改善经营方式、更谨慎的财务活动等等,无论如何,规则设计不在其列。但我担心,这样一来,这些人的车子会一直过不去。他们可能通宵达旦熬夜,更冷静地驾驶,安装新的引擎,乃至拓宽道路;但他们还是过不去,除非他们停下来思考一番,与对面的司机一起拿出一个简单的设计:每个人同时靠左一点行驶。

目前的局势有其矛盾吊诡之处。我的建议是没有矛盾的:一些非物质的调整,也可以说是"纸面上"的变化,就能够创造奇迹。矛盾的是:在英国,当我们最需要更多住房的时候,却有25万名建筑工人没有工作岗位可以收容。如果有人说,没有什么合乎财务稳健和政治智慧的办法,可以让一个人为其他人工作,那么对于这种判断,我们应该本能地提出质疑。我们应该怀疑的计算是政治家的计算。政治家已经背负了失业资助的负担,他告诉我们:如果他让建筑工人修建房子,自己就会陷入沉重的债务永无脱身之日,这是国家不能承受。我们应该怀疑的理智是政治家的理智。政治家认为,增加国民财富以供养赋闲的造船工人,比之花费一部分供养费用,让工人去建造人类最伟大的工程之一,前者倒是更经济、更划算。

相反,在下一章,*我将略为详细地说明:创造财富会增加国民收

---

* 在这里的美国版本中,应该是第二、第三两章。——译者

入，国民收入增加有很大的比例会收归国库；而国库最大的开支是给失业者发补贴，国库的收入是就业者收入的一部分。我希望读者在读过下面章节后能够觉得，答案正是他所预期的，符合他的常识的直觉提示——不管他认为自己是否能够详细评判这种论证。

同样不足为奇的论证是：税率可能太高，妨碍了税收目标的实现；如果有充足的时间展现税收政策的效果，降低税率往往比提高税率更有利于平衡预算。相反的观点可与制造商的情况做类比：一个制造商在蚀本经营，他决定提高产品价格；但是，如果由此带来的销售下滑让亏损进一步扩大，根据简单算术法则，再提高价格就须慎之又慎。当这个制造商最终以收支双边都归零来平衡他的账户时，他还在振振有词地说：如果你已经亏损，降价销售是赌徒的投机行为。

无论如何，看来是时候重新考虑采取行动的可能性了。基于这种信念，下面我将重新检视积极政策的优势，从英国的国内事务开始，续之以世界经济会议的机会。* 这次会议尽管已经延期，但可能还是恰逢其时。因为，会议召开之际，各国已饱尝痛苦，更愿意考虑出台一项计划。世界越来越不愿意只是"等待奇迹出现"；越来越不相信，不需要我们采取行动，事情就会自己变好。

---

* 指1933年6月于伦敦召开的世界经济会议。——译者

第二章　国内的扩张

人们不愿意支持国内资本发展计划,不愿意把它当作恢复繁荣的手段,通常有两个理由:第一,一定量支出所能创造的就业很有限;第二,这些计划通常需要补贴,会造成中央和地方预算压力。这些都是不容易精确回答的定量问题。但是,我会争取让大家相信:这两个问题的答案,比通常假定的要有利得多。

人们经常说,在英国,为了给一个人创造一年的就业机会,需要在公共工程上增加500英镑的资本支出。这里指的是工程直接雇用的劳动力数量。但是很容易想到,工程使用的物资、运输等,也会创造出就业机会。如果我们恰如其分考虑到这一点,增加一个人一年就业所需的资本支出,以建筑业为例,一般估计是200英镑。

但是,如果新支出是额外增加的,而不只是替代其他支出,则就业的增加将不止于此。新增工资及其他收入会用于新的购买,这反过来又会导致就业进一步增加。如果一国的资源已经被充分利用,这些新增的购买将主要体现为更高的物价和更多的进口。但在目前环境下,只有很小一部分新增消费是这种情况;更大部分的新增消费,可以在物价没有大的波动的情况下,由当下闲置的国内资源予以满足。而且,如果新增需求是食品需求,那一定是工人阶级购买力增长的结果,它要么会提高国内外初级产品的销售价格,要么会增加它们的销售量——那正是我们当前要竭力欢迎的。农产品由于需求增加而价格上涨，比之人为限制农产品的供给而抬高它们的价格，前者要好得多。

　　事情到这里还没有完。那些被新的投资项目雇用的工人增加购买，相应会有新的就业者来满足其需求；反过来，这些新的就业者支出更多，又会增加其他人的就业；如此循环反复。一些富有想象力的人意识到了这种连锁反应的存在，于是极力夸大总的结果，甚至认为，由此创造的新增就业量，只受制于收入支出后被下家得到的必要的间隔时间，换言之，即货币流通速度。可惜实际情况远没有这么理想化。因为，每个阶段，可以说都有一定比例的漏损（leakage），新增收入都有一定比例未能传递给新增就业。一部分收入会被所有者储存起来；一部分会抬高物价，从而减少其他地方的消费（除非生产者把他们的新增利润都花出去）；一部分会用于进口商品；一部分只是替代了先前由失业救济金、私人慈善或私人储蓄给付的支出；还有一部分可能进了国库，却没有相同程度减轻纳税人的负担。因此，为了求得一系列连锁反应对就业的净效应之总和，我们必须对每一步漏损的比例做出合理的假设。对这求和方法感兴趣的读者，可以看一看卡恩先生发表在1931年6月期《经济学杂志》上的一篇文章。*

　　很明显，环境不同，什么样的假定合适也差别很大。如果闲置资源很少或根本没有余裕，那么，如我上面所说，新增的支出会主

---

　　* 卡恩（R. F. Kahn），著名经济学家，凯恩斯的学生和同事，为乘数理论做出了重大贡献。这里是指他的"国内投资与失业的关系"（The Relation of Home Investment to Unemployment）一文，该文首次给出了"就业乘数"理论的雏形。——译者

要消耗在更高的物价和新增的进口上（这确是建筑业繁荣的后期阶段的规律性特征）。如果一个人的失业救济金与他上岗工作后的收入一样多，并且救济金是由借款来支付，那么新增就业几乎根本不会有什么连锁反应。而现在失业救济金是由税收支付的，不是通过借款支付（因此，减少失业救济金可能可以增加纳税人的支付能力），我们就不必就此做那么大的扣除。① 下面让我们详细探讨一下，在目前情况下，最终结果可能会是怎样的。

我们把新增借款支持的支出总额，称为初始支出（primary expenditure）；由此直接创造的就业，称为初始就业（primary employment）。上面，我已经根据他人的权威研究，估计出 200 英镑的初始支出可以创造一个人一年的初始就业——没有理由怀疑，这个估计作为相关数值之大小的粗略估计会有多大偏差。至于借款的目的是投资公共工程还是私人企业，抑或是减轻纳税人负担，对下面的讨论并无影响。无论哪种情况，这个初始支出都会带来一系列连锁反应，导致所谓次级就业（secondary employment）。我们

---

① 这里，两个版本有区别。英国的版本续之以："我自己估计，基于目前环境，以非常保守的数字估计，乘数至少是 2。由此，每人每年就业的贷款支出不是我们开头说的 500 英镑，而是 100 英镑。但我不希望给出特别尖锐的结论，让人觉得危言耸听，因此，姑且把乘数定为 1.5。即是说，贷款支出雇用 2 个人，可以间接带动另外 1 个人就业，而不是另外 2 个人（虽然我自己相信是 2 个人）。我不认为，有人经过仔细计算，会得出比这更小的数字。这意味着，在物资、运输及直接就业上新增 200 英镑贷款支出，考虑了整个一系列的连锁反应后，会给 1.5 个人，而不是 1 个人，创造一年的工作。因此，当前创造 1 个人一年就业所需的新增贷款支出，是 133 英镑。但是，为了让我们自己有更安全的余地，我们将以 150 英镑为基础展开论证。这最保守地回答了前面两个问题中的第一个。

接下来探讨减轻多少预算压力的问题。"英国版本此后接续（原书）第 346 页第 5 行的论述（即第三章第五段。——译者）。

的问题是要确定由一定新增贷款支出（loan-expenditure）创造的、初始和次级加在一起的总的就业，即确定总就业与初始就业之间的乘数（multiplier）关系。

100英镑由借款支持的新增初始支出，可以分为两部分。第一部分是由于这样那样的原因，不能变成英国人手中的新增收入的资金（如果我们讨论的是美国，也是一样）。这部分主要由下列几方面的成本构成：(1)进口物资；(2)不是新生产的而只是转移过来的商品，如土地，又如从库存中取出、未予补足的商品；(3)不是新增雇用而只是从其他岗位转移过来的生产资源，如劳动力、厂房等；(4)一种取代了原有收入的工资成本——原有的收入是由借来用于发放失业救济的基金提供的。第二部分是确实变成了英国人手中的新增收入的资金。根据它们是被储存起来，还是被花费出去，又得分为两类（这里所谓的"花费出去"，包括收入者的所有直接新增支出，也包括耐用品生产上的支出）。

为了得到乘数，我们只需要估计两个比例：一是一般支出变成某人收入的比例，二是这个收入再被花费出去的比例。这两个比例相乘，就给出了第一层连锁反应之于初始效应的比，因为这两个比例给我们提供了第二层支出流与最初支出流之比。而后，我们就可以汇总全部的连锁反应，因为可以预期，第二层反应之于第一层反应的比，会等于第一层反应之于初始效应的比；依此类推。

摘要式的论证可以展示如下：两年前，当时英国的失业救济金是由借来的资金支付的，这要求有一个大的扣除；而在计算支出有多大比例变成新增收入时，就不需要大的扣除。两年后，如果就业状况比现在大为改善，可能又有必要针对那些只是从其他岗位转移过来的资源,做一个大的扣除;闲置资源越少,新增支出造成这种结果的可能性就越大。至于从库存中取出商品这一项,无论何时,我都不打算做大的扣除,因为库存一般没有多大,库存的消耗一般也会很快补足。因此,在目前条件下,我认为合理的推测是:支出总额中,有30%会因为这样那样的原因没有变成新增收入,另外70%会成为其他人的当期收入。

那么,这个新增收入中,有多大比例会成为新增支出呢?只要新增收入是属于工薪阶层的,我们就可以有把握地认为,它大部分会被花掉;如果它是增加利润、薪金及专业人士的收入的,则被储存起来的比例就会高一些。我们必须得出大致的平均数。例如,在目前环境下,我们可以假定,至少70%的新增收入会被花掉,不超过30%会被储存起来。

根据这些假定,第一层连锁反应会是初始效应的49%($0.7 \times 0.7 = 0.49$),即一半;第二层连锁反应又是第一层反应的一半,即初始效应的1/4;等等。由此可知乘数是2,因为,读者如果回想一下自己学生时代所学,他应该记得:$1 + 1/2 + 1/4 + \ldots = 2$。当期收入被花费出去所需要的时间,会把每一层反应与下一层反应分离开来。但是,我们看到,总效应的87.5%来自初始支出和头两层反应,因此,有关时滞并不是非常严重的。

我们还注意到,新增需求可能造成物价上涨,但物价上涨不一定会有额外的补贴。物价上涨的效果,是逐渐降低新增支出变成新增收入的比例,因为这时可能出现这样一种情况:某些领域的剩余资源不再那么充足,结果,新支出中有更大的比例只是从其他岗位转移而来。也有可能:更高物价意味着更高利润,结果,新增收入中有更多变成了利润，较少成为工资，从而更多被储存起来。因此，随着人们逐渐返回工作岗位，随着物价逐步上涨，乘数会渐次缩小。而且，如果工资上涨，对应一定工资支出总额的就业数量显然也会逐渐减少。不过话说回来，这些修改要想深中肯綮，我们的处理方式须得非常成功。总之，由于种种原因，现阶段的一笔支出，会给就业带来更大的好处；而当以后闲置资源的余裕缩小时，好处就没有那么大了。

　　为了给乘数一个合理的估计范围，我们还要考虑其他一些假定对它的影响。如果我们假定，上面每一个比例都是60%，乘数算出来大约会是1.5，这可以说是乘数值的最低限，因为，现在似乎没有哪一个比例可以如此之低。相反，如果我们预期，初始支出变成收入的比例和收入再被支出的比例都是80%，乘数就会接近于3（会做相应计算的读者很容易核实这些数字）。我自己认为，我们尤其要谨慎估计的，是支出有多大比例会变成新增收入。我觉得最满意的估计，是基于如下假定：不少于66%的新增支出（无论是用于新的投资项目，还是用于新的消费）会变成英国人手里的新增收入，不少于75%的新增收入会被花出去；而且，相比较而言，我更乐意把后一个比例提高到80%，而不是把前一个比例提高到70%。下面，我会把自己的估计建立在这些数字之上，由这些数字得出的乘数也是2。美国的读者可能有兴趣探讨：什么样的假定最符合美国目前的情况。我个人认为，美国的乘数应该大于2，而不是小于2。

第三章　减轻预算压力

根据我在上一章尝试证明的假定，100英镑的初始支出，会直接为英国人增加66英镑的收入，即初始支出的2/3。而包含后续效应的新增收入总额，会是66×(1 + 2/3 + 4/9 + ...)=200英镑。为了确定这些效应总共可以在多大程度上减轻预算压力，我们必须估计：第一，失业救济成本可以节省多少；第二，对新增收入征收的新税有多少。

并不是所有新增收入都会落到原来靠失业救济金生活的人群手中。有一部分会变成利润，有一部分会付给薪金及专业人士，还有一部分会成为某些工人增加就业的工资——这些工人原来并没有在领失业救济金，要么因为他们已经半就业，要么有其他原因。

但我认为，我们可以很有把握地假定：新增收入中有2/3，即44英镑，会落到原来靠失业救济金生活的人群手中。这意味着，大约可以让一个新增就业人员在一年的1/3时间里拿到每周50先令(s)*的平均工资。

根据我们上面的假定，由100英镑初始支出带来的66英镑新增收入中，有75%会被花费出去；这第二层支出又可以增加66%

---

* 当时英国币制：1英镑(£)=20先令(s)。每周50先令，相当于年收入约130英镑。——译者

的收入，如此循环下去；因此，100英镑初始支出迟早会给原来靠失业救济金生活的工人，带来2/3个单位（一人一年的就业为1单位）的就业。同时，如我们已经看到的，它带来的新增收入总额是200英镑。如果读者认为另外一组不同的数字更为可能也无妨，我这里提供的无非是一种方法，读者可以根据自己的假定，算出不同的结果。

现在，我们准备估计总共可以在多大程度上减轻预算压力。为了粗略计算，通常认为，供养一个领取失业救济金的人的平均成本是每年50英镑。① 因此，100英镑的贷款支出，通过向原来靠失业救济金生活的工人提供2/3个单位就业，可以减少失业救济成本33英镑。②

但是，预算上还有更进一步的好处，③ 因为，我们的100英镑贷款支出会增加国民收入200英镑。税收收入的上升和下降，大致与国民收入成比例。当前我们的预算困境，主要就是国民收入减少造成的。就整个国家来看，暂且不论对外经贸方面，它的收入正好等于它的支出（包括消费支出和新的资本支出，但不包括左手进、右手出的中介交易）——这只是同一事物的两个不同的名字而已：我的支出就是你的收入。④

---

① ［对于男性成年工人来说，这是一个保守的数字。1932年，包括儿童和妇女的全部平均成本是48.3英镑（失业人员平均一年成本44.2英镑，加上一个就业人员平均一年雇佣双方的贡献4.1英镑）。］（英国版本中没有这个脚注。）

② 这里的例子在内容上与英国版本一样，但表述上有所不同。

③ 在英国版本中，没有接下来的后半句。

④ 英国版本中接下来有这样一段话："因此，如果我们考虑连锁反应的话，由新增贷款支付而不是由减少消费支出或现有的资本支出转移支付的300万英镑新的资本

现在，平均而言，国民收入大约有20%会以税收的形式缴入国库。确切的比例是多少，取决于新收入在高收入群体和低收入群体之间如何分配——高收入群体主要缴纳直接税，低收入群体主要缴纳间接税；也有一些税收收入与国民收入变化没有密切联系。考虑到这些不确定性，我们且把新收入缴入国库的比例定为10%，即200英镑新增收入会产生20英镑的新税收。税收征缴确实会有时滞，但我们无须担心这一点。不过，也有强有力的论证支持以下建议：要降低年度预算的刚性，要根据这种情况，针对超过1年的更长时期做出估计。由于增加税收在减少国民收入的效应上存在时滞，我们现行的预算编制程序可能存在严重缺陷，这就是：平衡今年的预算的措施，并不能平衡下一年的预算；反之亦然。

因此，新增100英镑贷款支出，给国库带来的总收益至少是33英镑加上20英镑，合计53英镑，即贷款支出的一半略多一点。① 我们需要看到，这里面没有矛盾之处。现在我们可以说：国民收入的每一步减少，都会有相当大的比例经由发放失业救济金和税收收入减少的中介，影响到国库收入。因此，增加国民收入的措施，自然会大大利于国库收入。

把以上推理运用到一些目前正获得有关方面支持的贷款支出项目，我们会看到：在增加就业的方案和平衡预算的方案之间，并

支出，会增加国民收入超过300万英镑。得到恰当乘数的计算雷同于就业的例子；只是它稍微大一些，因为，要获得以货币计算的国民收入，我们不需要针对物价上涨做同样的扣减。但为了保险起见，我们也像前面一样，姑且定乘数为1.5。由此可见，300万英镑的资本支出，会增加作为税源的国民收入450万英镑。"

① 英国版本用了一组不同的数字，但推导的原理是一样的，并续之以如下判断："或者，如果我们定乘数为2，则是贷款支出的2/3。"

不存在进退两难的困境；在前一个方案上要小心谨慎、缓慢推行，以免伤害到后一个方案，这样的想法也是完全错误的。恰恰相反，除非增加国民收入，否则不可能平衡预算，而增加国民收入与增加就业是同一回事。

348

例如，我们可以花700万英镑建造一艘新的丘纳德（Cunarder）邮轮。我认为，这至少可以让国库得到这个投资总额的一半的收益，即350万英镑，大大超过了项目要求国库援助的最大金额。

或者，我们也可以支出1亿英镑用于住房建设，无论是修缮贫民窟，还是把它纳入国家住房委员会的赞助计划，都可以让政府预算得到大约5,000万英镑的巨额收益，大大超过了所需的补贴。如果读者对此有所质疑，觉得这样一定是太过完美而不真实，那么，请仔细把得出这个结论的过程重新论证一遍吧。如果他还是怀疑自己的判断，我可以指出：我在《泰晤士报》评论版上首次公之于众的论证的基础，至今没有受到过什么严重的冲击，被证明有错。①

同样的论证，大体上也适用于减税政策。为了减税，可以暂停筹措偿债基金，可以恢复贷款融资的做法——有些公共项目的支出是可以由贷款融资予以满足的，如收费公路的修建成本、失业救济金的部分费用（指可以靠我们期待的繁荣时期的收入给予弥补的部分）。我说以上论证同样适用，是因为：纳税人的支出能力增强，与贷款支出引起的支出能力增强有一模一样的正向连锁反应；并且在某些情况下，这种增加支出的方法更健康，更利于全社会扩散。如果财政大臣要削减税收5,000万英镑（暂停筹措偿债基金，能借款

---

① 在英国版本中，这一句是说未来可能受到的冲击。

的项目尽量借款等），那么，他免除的税收的一半，实际上会通过节省失业救济金、给定税率下的更高税收收入等，返还到他手里——尽管如我在前面已经指出的，不一定会全额返还。①

我要补充指出的是，这种具体的论证不适用于那种以政府支出等额减少（例如降低学校教师的薪酬）为之平衡的税收减免；因为，这代表了国民支出能力的重新分配，而不是国民支出能力的净增加。它适用于所有以储蓄或借入资金做出的新增支出，但不适用于替代其他支出的新增支出；可以由私人做出，也可以由政府当局做出；也不论是用于资本投资，还是用于消费——只要通过税收减免或其他途径使之成为可能即可。②

如果这些结论无可辩驳，根据这些结论行事难道不对吗？相反的政策，试图通过征税、限制、预防来平衡预算的，肯定都要失败，因为它一定会削弱国民支出能力，从而减少国民收入。③

当然，论证对等地适用于正反两面。增加初始支出对就业、国民收入和预算的影响，是以上面描述的方式呈乘数化的，减少初始支出的影响亦复如此。的确，如果不是这样，就很难解释英国的经

---

① 英国版本中续之以，"因此，我强烈支持下面这个已经有人提出来的建议：以后的预算编制应该分为两部分，其中一部分包括那些在目前环境下适合以贷款支出支持的支出项目"。

② 英国版本中续之以，"经常有人指出，当贷款支出由于政府鼓励而规模增大时，并不能防止失业增加。但在那时，它部分抵消了我们外汇结存上的更快恶化的影响。大体上说，增加或减少1亿英镑贷款支出的效果，等于增加或减少1亿英镑外汇结存的效果。以前我们没有从贷款支出中得到看得见的利益，是因为它被外汇结存的恶化抵消了。最近我们没有从外汇结存的改善中得到看得见的利益，又是因为它被贷款支出的减少抵消了。目前是第一次，只要我们愿意，就可以马上同时拥有两方面有利因素"。

③ 本章以下各段落，没有出现在英国版本中。

济衰退何以如此剧烈，美国乃至更甚。一般程度的初始推动，可以产生如此毁灭性的连锁反应；同样，相反方向的适度推动，也会产生令人惊喜的复苏。这里没有魔法，没有神秘力量，而是可靠的科学预测。

  但为什么对那么多人来说，这种方法好像是新奇、古怪、自相矛盾的呢？我只能从以下事实中找到答案：不管我们是否意识到，通过教育、环境和传统逐渐灌输给我们的关于经济学的所有观念，都浸透着一些理论上的前提预设——这些预设只适用于所有生产性资源都已物尽其用的均衡的社会。很多人是想运用基于无失业假设的理论来解决失业问题。很明显，如果一个国家的生产性资源都已物尽其用，那么，我在目前情形下预言的由贷款支出增长带来的种种优势，将无一能够实现。因为，在这种情况下，增加贷款支出，只能抬高物价和工资水平，从其他岗位上转移资源。换言之，结果只是纯粹的通货膨胀。这些观点，在特定情况下是完全正确的，但不适用于目前的情形——目前的情形只能由较不为人熟知的方法来处理，这种方法我已尝试说明如上。

350

第四章 提高物价

　　提高物价，是英国政府和聚集在渥太华的英帝国代表公开宣布的政策。*我们要如何落实这个政策呢？

　　从英国财政大臣的一些言论判断，他已经接受了通过限制商品供给来提高商品价格的观点。这样做可能有利于那些总产量受限制的特定商品的生产商，也可能有利于一个国家对自己可掌控的商品实行供给限制——尽管这样做会以世界上其他国家的损失为代价。甚至在非常偶然的情况下，当一种特定商品的供给与其他商品的供给严重失衡时，限制其产量，对整个世界都有好处。但是，一种全面的限制不仅无效，而且有害。对于整个社会来说，它通过压缩减产的生产商的收入，减少了需求，数量与减少的供给一样多。这断非减少失业的方法，而是以上一定程度上增加失业为代价，更均衡地分散失业而已。

　　那么，我们该如何提高物价呢？从一系列简单但是基础的命题着手分析，可能有助于我们理清思路。

　　（1）对于全体商品而言，除了让购买商品的支出增加快于商品

---

　　* 1932年7月，英国在加拿大渥太华召开帝国经济会议，讨论制定英国与英帝国其他成员国之间的贸易和关税政策，希望借以摆脱当时的世界经济危机。——译者

进入市场的供给增加，此外没有其他提高商品价格的方法。

（2）支出要增加，只有公众把囊中收入的更大比例花费出去，或者，他们的总支出能力由于其他某种原因而增强了。

（3）要在现有收入的基础上增加支出，无论是通过减少储蓄，还是增加资本项下的个人支出，效果都是非常有限的。当前的实际情况是：收入在缩减，税收在增加，很多人为了维持自己的生活水准，已然储蓄不足，没能达到合理的个人习惯所要求的水平。任何有能力支出更多的人，应该鼓励他们支出更多，特别是，如果他有机会投资新的资本或准资本项目的话。但是，如果认为我们可以用这种方式来解决问题，那是误判了问题的严重程度。因此，我们必须盯住如何增加总的支出能力。如果能够做到这一点，就既可以提高物价，又可以增加就业。

（4）概括地说，要提高一国的总支出能力，只有两种方法：一是增加全社会的贷款支出；二是提高外汇结存（foreign balances），把更大比例的经常性支出又转化为国内生产商的收入。当然，此外还有一种特殊的情况，即人们可以通过实际出产黄金而挣得收入，这里存而不议。英国工党政府曾依靠公共工程尝试了第一种方法，尽管没有全身心投入，并且周围环境也不是很有利。联合内阁政府（National government）*成功尝试了第二种方法。但我们至今没有双管齐下，同时尝试两种方法。

（5）但是，两种方法之间存在巨大的差别，因为就世界作为一

352

---

* 指1931年后相继执政的麦克唐纳（Ramsay MacDonald）、鲍德温（Stanley Baldwin）、张伯伦（Neville Chamberlain）政府，由主要政党联合组成政府内阁。——译者

个整体而言,只有第一种方法是有效的。第二种方法只是意味着,一个国家从其他国家那里,掠夺了工作岗位和支出能力。因为,当一个国家增加它的外汇结存时,其他国家的外汇结存就会减少。因此,我们不能用这种方法增加世界的总产出,或者提高全球的物价;除非这种方法增强了像英国这样的金融中心的信心,使它更愿意在国内外发放贷款,从而作为一种副产品,有利于增加贷款支出。

货币贬值和关税,直到最近仍然是英国手中作为自我防御的武器。曾几何时,我们不得不使用这些武器,而且使用效果很好。但是,竞争性货币贬值和竞争性关税,如果被普遍采用,将对谁都没有好处,而是损害所有国家。其他提高个别国家外汇结存的更加人为的方法,如外汇管制、进口禁令、贸易配额等,亦复如此。

因此,大致上我们可以得出结论:除了增加全球的贷款支出,再没有其他有效方法可以提高全球物价水平。触发这次衰退的首要因素,正是美国用在国内与海外的贷款支出的全面萎缩。

很多流行的救治方法之所以流行,就是因为它们往往促进了贷款支出。但是,增加贷款支出的任务要分几个步骤,如果其中任何一个步骤出了故障,我们就实现不了预期的目标。因此,读者一定要有耐心,循序渐进,进一步跟进分析。

(1)第一个必要条件是:银行信贷应该廉价而丰富。这个条件,只有在每家中央银行认为自己持有充足的国际货币储备,不必再为此焦虑时,才可能具备。主要金融中心持有的银行存款,构成了这里所说的国际货币储备;现在对这些银行存款的信心发生了动摇,就大大加重了储备的短缺程度。全球大部分黄金储备集聚到少数中央银行手中,也带来了相同后果。另一方面,我们希望金矿的产量增加，或者印度的黄金窖藏（India's sterile hoards）减少，因为这样可以增加储备货币的数量。国家通货相对于黄金的贬值，是这类救治措施中的另外一种。此外，放弃僵化的黄金平价也可以有所裨益，因为，如有必要，中央银行可以通过允许外汇对冲来减轻压力，这样就不需要那么多的国际货币储备。还有，把银行发行兑换券时必须持有的国际货币的法定比例调低下来，也可以有辅助的作用。

但是，这只是第一步。在刚开始复苏的时候，可由银行短期信贷给予支持的贷款支出并不是很多。银行信贷的作用，是在经济复苏已经明确起步之后，为营运资本的恢复提供资金。通常，我们依靠第一步，就能够自动导出后续各步。但在现在的条件下做不到这样。

（2）因此，必须做到第二步：对所有稳健的借款人来说，长期利率都足够低。这要求政府和中央银行综合施策，包括：银行的公开市场操作，财政部判断正确的兑换方案，利用民意认可的预算政策提振金融市场信心，等等。这一步存在一种两难困境；因为，由于心理上的原因，贷款支出的暂时减少，确实可能会促使长期利率掉头向下。但是，政策的整体目标是促进贷款支出，因此我们要格外小心，不要让贷款支出的暂时减少延续下去，能短尽量短，一天也不要拖。

少数国家已经做到了第一步，而唯独英国已经做到第二步。实现这么成功的转变，是英国财政部和英格兰银行的巨大成就。法国和美国就完成得很糟糕——尽管直到最近，它们的任务都要轻松得多。

（3）但是还有第三步。因为，即使我们完成了第二步，私人企业也不太可能主动增加贷款支出到足够的规模。一直要到利润开始恢复之后，企业才会寻求扩大生产；一直要到产出增长之后，才需要增加营运资本。而且，在现代社会，我们正常的贷款支出方案中，有很大一部分是由公共和准公共机构组织落实的。即使在好的年景，工商业企业每年所需的新的贷款支出也不是很大。任何时候，建筑、交通和公共设施都占据了当期贷款支出的很大比重。

因此，第一步必须由政府当局主动组织实施。而且，当企业一家接着一家放弃了虚妄的"坚持就有回报"的希望，承认失败，停止生产时，如果想要打破恶性循环，阻止进一步衰退，政府的举措可能还必须规模庞大且组织果断。

一些悲观主义者根据以上论证认定，除了战争之外，没有什么东西可以结束一场大的衰退。因为，迄今为止，战争是唯一被认为正当的政府大规模贷款支出的对象。在所有和平的议题上，政府都会谨小慎微，畏首畏尾，三心二意，没有毅力和果敢，认为贷款是一种债务，而没有认识到贷款是一种桥梁纽带，可以把原本要被浪费掉的社会剩余资源，转化为有用的资产。

我希望英国政府会证明，英国即使在和平的任务上也能够积极应对。应该不难理解：10万套房屋是国家资产，100万失业者则是国家负担。

（4）如果我们要提高全球的物价（这是我们的主题），那么，还有第四步。贷款支出必须在全球范围内传播它的有利影响。如何做到这一点，是下一章的主题。

第五章 给世界经济会议的建议

上面我们已经得到结论：除了增加全球的贷款支出，此外没有办法可以提高全球物价。因此，如何增加全球的贷款支出，应该成为世界经济会议的中心议题。我认为，有且只有三条可能的途径，可以为此提供帮助。

（1）第一，可能也是最明显的办法，是以我们已经习以为常的方式，直接对外发放贷款，由金融实力强大的国家（它们拥有有利的外汇结存或过多的黄金储备）贷给较弱的、负债的国家。

机缘巧合的话，恢复这种传统做法的可能性是有的。但是，如果认为今天这种海外贷款在启动经济复苏方面可以发挥很大作用，那是不切实际的空想。那些最有能力发放海外贷款的国家，最不可能真这么做。私人投资者也不会在他们肩上的风险正在变糟糕的情况下，还去承担新发生的同类风险。

（2）第二，也是更有希望的办法，是金融实力较强的国家增加国内的贷款支出，即上面第二章推荐的办法。因为这种支出会有双重的好处。如果用于购买国内生产的商品，则初始贷款支出在就业方面的正向反应会有乘数效应。如果用于购买进口商品，它就会在海外引起类似的正向反应，改善我们所由采购的那些国家的处境，从而促进互惠的购买，也加大它们自己国内的贷款支出。这样就循环起来,雪球会越滚越大。

因此,在国内出台大胆的贷款支出政策,可以将我们的可用资源利用起来,购买更多进口商品——这样做可能比发放海外贷款要更胜一筹。这样也有利于外部世界,并且肯定比进一步增加国际债务更加健康。

(3)但是,同样明显的是:迄今为止我们讨论的救治方法,其量化的效果大小与提高全球物价的问题,根本不能相提并论。我不认为全球物价能在合理的时间内实现足够的上涨,除非是很多不同国家差不多同时实施大幅度的税收减免和贷款支出增长的政策。这里应该特别强调各国增加支出的同时性。单个国家增加自己的贷款支出,要担心会给自己的外汇结存带来压力;如果其他国家同时推行相同的政策,这种压力就会相互抵消。孤立的行动可能是鲁莽的,全体一致的行动则一点危险也没有。

这样,我们又把论证推进了一步,达到了新的层次:国际的联合行动才是政策的本质。这就是说,我们已经进入到世界经济会议的领域和视野。在我看来,这次会议的任务是设计出某种联合行动,以缓解各国中央银行的焦虑,解除它们的储备紧张,或对这种紧张的担心和预期。这会让更多国家达到我在上面第四章指出的第一步,即银行信贷廉价而丰富。打个比方,我们不能通过国际行动让马饮水,这是它们的内部事务;但我们可以把马牵到河边,给它们提供水源。疏通购买力的无数细流,滋润干渴的世界,是这次世界经济会议的主要任务。

如果世界经济会议热衷于制定什么冠冕堂皇的决议,要减少关税、配额和外汇管制等,那将是浪费时间。因为,加征关税等措施只要不是国家或英帝国深思熟虑的政策的体现，就一定是不得已而用以自我保护的办法。而且，它们是一国外汇紧张的表现，而非原因。因此，会议的关键不应该是通过什么冠冕堂皇的决议，来谴责这些表现，而不触及病根。英国政府的任务，就是在这次即将召开的会议上，把针对病根的具体化建议抛出来。

在积极的救治方法有机会付诸实施之前，一些预备措施必须完成。我们都同意，首先必须解决战争债务与赔款的问题。因为，它们乃是导致担心外汇高度紧张的最主要因素。但是，我们是否有积极的行动方案，可以抓住解决这些问题后出现的机会呢？

任何救治方法，如果没有为世界各国财政部和中央银行提供更充足的国际货币储备，减缓它们的焦虑，就不可能很快奏效。针对这个目标，可以设计出很多种方案，彼此有很大的相似性。我在经过大量私下的讨论并借鉴他人的意见后，深信以下方案是最好的。当然，如果还有其他方案得到更多支持，也可以选择它们。

任何增加国际货币储备的方案，都应该满足一些特定的条件。首先，新增储备应该以黄金为基础。因为，尽管黄金正逐渐从国家通货的地位上退去，但它同时正在比以前更专一地成为国际货币，非常普遍地作为储备，用于应付资金外流。第二，新增储备不应该是接济性质的，不仅特别贫困的国家可以得到，所有符合一般原则的成员国也都可以得到。确实，今天几乎没有哪个国家可以高枕无忧，不需要改善自己的处境。第三，未落实的新增储备在数量上应该有弹性，从而，它们不是作为世界货币供给的永久性净增量发挥作用，而是当作平衡因素：当物价像现在这样异常之低时，被释放出来；当物价上涨过多时，又被收回去。上面这些条件，可以通过以下措施得到满足：

（1）成立发行黄金兑换券（gold-notes）*的国际机构，黄金兑换券的面值以美元的黄金含量表示。

（2）最多发行50亿美元黄金兑换券，各成员国可以根据政府黄金债券（gold-bonds）的等额面值，获得这些兑换券，直至达到各国的最大配额。

（3）每个国家的相应配额应该基于某种准则，如它在最近某个正常日期，比方说1928年年末，持有作为储备的黄金数量，前提是每个国家的配额都不得超过4.5亿美元，并且理事会有权修改这个准则的刚性。如有特别理由，可有通融余地（例如，对于使用银币的国家，需要一些例外的规定）。这个准则的影响是每个国家的配额会让它的储备增加一个数量，大致等于它在1928年持有的黄金，但受制于上述最大值的限定。每个国家的具体配额由本章附录给出。

（4）每个成员国政府承诺通过立法，保障这些黄金兑换券将会作为黄金的等价物被接纳；但是它们不进入实际流通，只是由财政部和中央银行持有，或者只是作为国内兑换券的发行储备。

（5）这个国际机构的理事会由成员国政府选举产生，成员国政府可以授权给它们自己的中央银行，每家中央银行拥有与其配额对应的投票权。

（6）黄金债券会支付利息，最初只是名义上的、很低的利率，

---

* gold-notes 也可译为"金本位纸币""金圆券"，相应地，第六章的标题也可译为"国际纸币发行与金本位"。——译者

但理事会可以根据下面第(8)点的规定,不时改变利率水平。黄金债券随时可由责任政府负责偿还,否则,理事会可以根据下面第(8)点的规定,对其提出警告。

(7)利息在扣除费用之后,会以黄金形式保留下来当作担保基金。此外,每个成员国政府要根据它的最高配额,按比例对任何因违约造成的最终损失提供担保。

(8)理事会会被要求运用它们的自由裁量权,调节黄金兑换券的发行数量或者黄金债券的利率。这样做的唯一目的,是尽可能避免进入国际贸易的主要商品的黄金定价水平上涨太高,超过处于现有水平与1928年(也可能是1930年)水平之间的某个协商一致的标准。

附录

按照本章上面的准则(原书358页处),根据各国在1928年年末持有的黄金储备,按比例分配50亿美元黄金兑换券(每个国家最高限为4.5亿美元),分配结果如下:

七个国家(英国、美国、法国、德国、西班牙、阿根廷和日本)被分配了最高数额——4.5亿美元。

(百万美元)

意大利	266	匈牙利	35
荷兰	175	捷克斯洛伐克	34
巴西	149	罗马尼亚	30
比利时	126	奥地利	24
印度	124	哥伦比亚	24
加拿大	114	秘鲁	20

澳大利亚	108	南斯拉夫	18
瑞士	103	埃及	18
波兰	70	保加利亚	10
乌拉圭	68	葡萄牙	9
爪哇	68	芬兰	8
瑞典	63	希腊	7
丹麦	46	智利	7
挪威	39	拉脱维亚	5
南非	39	立陶宛	3
新西兰	35	爱沙尼亚	2

没有国家会因为选择这个特定日期而受到不公的待遇,除了智利(它的情况可能应予特别考虑),在较小程度上,还有希腊和加拿大等。如果我们以1925—1928年间任何一个年末持有的最高数字为准,在上面的总额中,只有以下变化:

	1928年	1925—1928年的最高额
	（百万美元）	
丹麦	46	56
希腊	7	10
荷兰	175	178
加拿大	114	158
智利	7	34
新西兰	35	38
爪哇	68	79
南非	39	44

第六章　国际黄金兑换券发行与金本位

在上一章，我已经提出，发行国际黄金兑换券的目的是解除各国中央银行的焦虑，让它们腾出手来，促进贷款支出，从而提高物价，恢复就业。这个政策的必要性来自一个结论，其要点可重申如下：除了增加贷款支出，没有其他办法可以提高全球物价。不过，关于这个意味深远的建议，我应该尝试进一步详加论述。

如果这个建议得到多数同意而付诸实施，就可以提供一个很好的机会，让由此给出的援助首先用于治理国际上的一些不良做法——这些做法在严峻环境的压力下已经变得司空见惯。具体来说：外汇管制应该废止。外债延期偿还协议和冻结外汇结存的做法，应该替换成分期清偿的明确方案。关税和配额如果是为了保护外汇结存，而不是基于长期不变的国家政策，也应该取消。实力较强的金融中心应该向外债重新开放其货币市场。对海外持有的公债应该停止违约，因为现在可以得到偿债基金延期、利息或本金减值等的帮助（减值可能基于物价指数变化）；如果在新环境下也无力偿还，应该取得独立专家团体的认证——就我而言，任何无视其国际协定和义务的国家，它们提出的方案，我都不会认同。

既有了这些外部条件的限制，剩下来明智的做法，是赋予每个成员国不受约束的自由裁量权,让它们最合理地使用配额。因为,不同国家之间,需求有很大差别。一些国家要清偿迫在眉睫的外债,一些要恢复预算平衡,一些要重建商业信誉,一些要为兑换方案做准备,还有一些是要组织实施国家的发展计划,如此等等。所有这些用途都有其合理性。

但这里还有一个基本条件,我尚未提及:兑换券应是黄金兑换券,各成员国应同意接受它作为黄金等价物。这意味着,每个成员国的国家通货会与黄金保持某种确定的关系。也就是说,它有限度地恢复了金本位制。

大家可能会感到奇怪:不久前我还说黄金是"野蛮人的遗迹";而当这个国家的合法政府在针对恢复金本位设置条件时(他们一定知道这些条件不可能具备),我又在提倡这样一种政策。这也许是因为,我从来都不曾痴迷于黄金,也就无所谓幻灭。但实际上,主要是因为我认为,黄金作为本位货币遭到了如此重创,现在是时候为它的未来管理设置条件了;否则时过境迁,它将再难被人们接受。无论如何,下面说的,是我倡导的政策必须具备的先决条件。

如果采纳上述发行国际兑换券的建议,一个必要条件是:每个成员国应该接受黄金与本国货币之间的实际平价,保持黄金的买卖平衡点差距不超过5%。在我看来,随着黄金供给增加,以及新的兑换券发行带来黄金的等价物增加,一个国家做出这样的承诺,是可行而又明智的。如有必要,实际平价可以根据环境的要求不时做出调整,就像银行利率一样,当然,我们希望调整幅度尽量小一点。一个不能变化的平价是不明智的,除非我们对全球物价的未来走势知道更多,并且新的国际权威机构能够成功影响到它;而且,我们应该一直拥有根据国内和国际条件逐步调整平价的能力。此外，理事会也应该有某种自主决定权，用于处理紧急和异常的情况。从最近的经验来看，黄金买卖平衡点之间保留5%的差距是必要的，因为这样可以遏制和防止流动资金从一个国际金融中心到另一个国际金融中心的无序流动，可以让各国的银行利率与信贷政策相对独立，以适应不同的国内环境——不过，日常实践中，没有办法阻止中央银行把本国货币的黄金平价限制在更窄的范围内。

有了这些预防性的保障措施，随之形成更大的汇率稳定性，其利益很明显，而损失微乎其微。汇率波动，将只是为了抵消全球物价水平的不合时宜的变化，或者偶尔针对特殊国情，以最小的摩擦做出临时或长久的调整，此外没有其他目的，也不允许因其他理由而发生。

我认为，这里给出的方案还有一个重要的附带的好处，即它能够满足政府针对有限恢复金本位提出的条件——这个条件就是：世界黄金储备必须得到更加公平的分配。事实上，除了这里给出的方案之外，我不能想象还有什么途径，可以让这个条件在适当时间内得到满足。如果一种方案要求法兰西银行和美联储要跟世界上贫穷的国家分享黄金储备，那显然是遥不可及、无从实现的，而且今天较之以往有过之而无不及。同样，如果一种方案意味着这些国家要向海外放贷，金额大大高于它们的外汇结存，从而导致黄金严重外流——那也是明白事理的人不会期待的。而且，当今时代，把外汇结存当作储备货币的做法已经走到穷途末路，世界上最强大的金融中心也体验了究竟有多大规模的外汇结存可以寻求转移——在这样的时代条件下，它就不仅仅是一个黄金分配不当的问题了。由于

40 通向繁荣的途径

最近国际信贷市场受到的冲击，我们需要更大的储备货币绝对量来支撑全球物价水平不下跌。这可能不是一个长期不变的要求，但今天确实存在。而且，要想各国中央银行放松心情，减少焦虑，从而大力支持增加贷款支出，提高全球物价，这个要求必须首先得到满足。因此，像我上面给出的这类方案，已经成为世界经济复苏的不可或缺的条件。如果我们忽略真正可以提高全球物价的措施，只是对提高全球物价的必要性空口说一些白话，那将是徒劳无益的。

另一个有时被提出来的选择，是同时贬低所有国家货币的以黄金表示的价值。这种做法尽管有其优势，但缺点也很明显，即它只会增强那些已经拥有大量黄金储备，从而也是相对强大的国家的地位。

第七章　结论

上面的分析,我尽量言简意赅,用简短的语言,覆盖广泛的领域。但我的主旨其实很简单,我希望,我已经能够把主旨传达给读者。

现在社会上有很多建议,在意图上非常近似于这本小册子的建议。只是,这些建议有一些针对的是整个问题的这一部分,另一些针对的是那一部分。如果要保证我们在处理问题上游刃有余,就需要不止一个建议。有一些因素,会使大量劳动力即使在好年景也无业可就——如果充分考虑这些因素,英国的任务是要帮助至少100万人重返工作岗位。根据150英镑的初始支出可以让一个人工作一年的说法(这是我在上面运算中采用的假设),我们需要新增贷款支出和外汇结存合计总额1.5亿英镑。① 在外汇结存方面,除非世界经济已经开始复苏,否则,我们不能指望可以得到更多支援。因此,审慎的假定是:我们迫切需要在国内新增贷款支出上,增加至少1亿英镑,用于年度的初始支出。

这是一个艰巨的任务,但并非不可能完成。至少5,000万英镑

---

① 英国版本这里还有一句话:"如果我们采用更乐观的数字,每人100英镑(我自己倾向于支持这个数字),则所需初始支出会是每年1亿英镑。"

可以来自税收减免（可以通过暂停筹措偿债基金、为适当的目的而借款等方式实现），尽管这样不会使初始支出增加足有 5,000 万英镑。在此基础上，再由私人企业（可以有援助，也可以没有）、地方当局、公共部门、中央政府等新增贷款支出（比如说）6,000 万英镑，会是走向重振就业的重要一步。

我认为，我们是太没有信心，未能调动起在这些方面采取有效行动的潜力。这又是因为，以前很多努力的结果都被反向的影响遮蔽了。最重要的是要知道：贷款支出的效果和外汇结存的效果是彼此相类似的。1930 年外汇结存比 1929 年急剧下降 0.75 亿英镑，1931 年更是比 1929 年下降 2.07 亿英镑，① 这击溃了工党政府试图通过贷款支出增加就业的努力，因为他们新增的贷款支出规模比这个要小得多。但是，1932 年外汇结存比 1931 年增加了 0.74 亿英镑，却没有带来就业增长，原因是它被联合内阁政府减少贷款支出的过激措施抵消了。天知道，如果工党政府在保护外汇结存方面不作为的政策和联合内阁政府压缩贷款支出的政策相互结合起来，会给我们带来什么样的祸害！企业亏损会上升到与美国不相上下的程度，② 铁路部门将陷入破产，国家工业濒临停顿的境地。另一方面，英国还从未尝试过另一种政策组合——保护外汇结存，同时尽己所能鼓励贷款支出。

---

① ［这些数字是贸易委员会的估计，除了 1932 年美国的债务偿还（是以黄金偿还）已经省略不计之外。我个人认为，所有这些年，绝对数可能已经比贸易委员会认定的数字多出 0.25 亿英镑左右。但是，这不会影响以上给出的相对数字。］

② ［我应该把美国的极端困境主要归因于两方面的组合影响：一是没有利用贷款发放失业救济金（像 1932 年以前美国的做法），二是没有采取措施改善外汇结存（像 1931 年 9 月以后我们所做的一样）。］

因此，我呼吁在我们的国内政策中尝试这种未曾经历过的组合；呼吁世界经济会议采纳英国代表提出的主张：按照上面提议的一般方式，扩张国际储备货币。

现在我们已经到了临界点。也就是说，迷雾正在拨开。我们至少可以清楚看到，现在的道路正通向深渊。大多数人都相信，我们必须刻不容缓地找到有效的方法提高全球物价；否则，可以预期，现有的契约体系和债务工具将一步步土崩瓦解，金融和政府的传统领导地位将受到根本的质疑。最终会导致什么结果，我们无法逆料。

各国政府已经宣布支持提高全球物价。因此，它们有责任采取一些积极的政策，促成这一目标。但我们不知道它们采取了什么政策。我已经尝试指明它们的政策如果要取得成功必须满足的一些基本条件，并提出了可能可以让这些条件成为现实的方案。

如何筹措战争费用

编　者　按[*]

《如何筹措战争费用》最初源于凯恩斯刊发在 1939 年 11 月 14 日和 15 日《泰晤士报》上的两篇长文。这两篇长文引起了大量通信，凯恩斯增益了自己的观点，写成一本小书，于 1940 年 2 月出版。那些最初的文章，收集在《凯恩斯全集》第 22 卷。

《如何筹措战争费用》出版仓促，当时条件窘迫，文本中留下了不少小差错。现在主要根据凯恩斯论文中的差错列表，尽可能做了订正。订正一览见附录五。^{**}

---

　　* 这部分是帕尔格雷夫·麦克米伦出版社 2010 年版《劝说集》编者的按语。——译者

　　** 附录五列出了本书 1940 年 2 月第一版中的 14 处印刷错误，主要是数字和单词，在这一版中已经订正，中译本根据这一版翻译，故附录五删去不译。——译者

导　论[*]

唐纳德·莫格里奇

《如何筹措战争费用》出版于1940年2月27日。它的观点的演变、展示出来的策略和最终结果，典型地示范了凯恩斯是怎样一个实事求是的经济学家，也体现了凯恩斯在劝导方面较之从前是何等老辣。

1939年10月20日，凯恩斯在剑桥大学的大学生经济学俱乐部上做了一个题为"战争潜力与战争财政"的演讲。四天后，他向《泰晤士报》的主编寄去了建议草案，题目改为"限制购买力：通货膨胀、征税与强制储蓄"。同时，他把草案寄给了约翰·西蒙（John Simon）爵士（财政大臣）、艾德礼（Clement Attlee，反对党领袖）和政府经济与财政规划调查局的斯坦普（Josiah Stamp）、亨德森（Hubert Henderson）、克莱（Henry Clay）等人。10月27日，在议员与内阁大臣晚宴上，他与赴宴官员进行了讨论；11月1日，又与财政部的理查德·霍普金斯（Richard Hopkins）爵士进行了讨论。

最初的反应令人鼓舞。鉴此，凯恩斯把草案修改为两篇文章，增强了平衡性，删除了一些可能转移对主要建议的注意力的细节。

---

[*] 该导论是莫格里奇为2010年新版《劝说集》所作导论的第八部分，介绍《如何筹措战争费用》，因此移译于此。——译者

两篇文章以"筹措战争费用"为题，发表在 11 月 14 日和 15 日的《泰晤士报》上。

从两篇文章发表，到这本小册子出版，中间这段时间凯恩斯展开了更深一步的讨论——既有私下的，也有公开在报章上的（包括比《泰晤士报》更大众化的报纸）——以阐述他的计划背后的推理，争取更广泛的接受。他试图说服工党和工会（他们对他的建议，说得委婉点，也是漠不关心）：他的建议只需在细节上做一些调整，完全符合他们的潜在诉求。1940 年 1 月 17 日，他会见了艾莉诺·罗斯本（Eleanor Rathbone）和伊娃·哈巴克（Eva Hubback）——两位长期以来一直在倡导家庭补贴政策。1 月 24 日，他花了一个上午与工党的前座*议员在一起，下午又会见了英国工会联盟总理事会的成员。在随后数周里，他在议会和费边社聚会上发表演讲，并继续与各式各样政治信仰的经济学家同行、金融界代表和朋友们讨论这些问题。

凯恩斯建议的核心是认为，旷日持久、规模浩大的战争，不是在拼战争爆发时双方持有的储备，或者通过常规程序即可调集的储备（如 1982 年的马岛战争），而是要牵涉资源从原来用途的大规模转移。问题是如何把资源从和平时期的用途转移到战争用途上；特别是 1939 年以后，经历了一个时期的真实收入和货币收入增长，这时应该如何减少消费。

如凯恩斯所见，当局要想调动额外的资源，有四种可能途径（当然还可以减少投资，依靠原有存货过活，或者容忍国际收支的经常

---

* Front Bench，指议会里内阁大臣和反对党领导人坐的前座。——译者

账户恶化等——所有这些都发生了）。这四种途径是：

  1. 个人可以自愿减少消费支出，直接或间接把储蓄交由政府使用——可以通过新的借贷，或者增加个人的现金结余；

  2. 可以实行全面的定量配给，通过法令减少消费；

  3. 当局可以利用通货膨胀政策，先把资源从其他用途中抽离出来，最后把这些资源的控制权交到这样一些人手中——他们会通过税收、自愿储蓄或者更高的现金结余，把资源传递给政府；

  4. 可以提高税收，减少资源被公众用于消费，而是把资源转移给当局。

  需要调动的总额意味着平均储蓄倾向和边际储蓄倾向都需要大幅度提高，特别是以前没有太多储蓄的群体，更要大幅提高；因此，凯恩斯认为，如果没有通货膨胀的协助，自愿储蓄不足以为战争提供财力。至于定量配给，就基本消费品的短期供应而言，固是必要的；但是，除非它涵盖一切、无所不包，否则就会促使需求转到其他没有定量配给的商品上。而无所不包的定量配给，在官僚体制的操作下，会阻碍劳动力流向其他更好的用途，会限制消费者的选择，因此是不受欢迎的。① 通货膨胀是一战期间限制私人消费的主要方法，可以把消费缩减到必要的水平，但是，在经过一段时滞后，它也会引起加薪的诉求。工人对物价指数的意识越来越强，以要求加薪的方式对战争提起控诉，意味着在经过时滞之后，会迎来持续的、大幅度的物价上涨，导致投机倒把盛行，更不用说战后会有大量国家债务留在富人手中。这样又会带来征税，征税如果是以

---

① 凯恩斯显然低估了"公平分配"观念的流行程度，没有看到"计点"配给制作为市场替代的可能性。

取得成效为首选目标，必然导致收入分配比现在进一步恶化。扩大税基的需要，指向一般营业税。但一般营业税有一个缺点：需要新的官僚机制，或在现有机制内做出大量创新。

凯恩斯选择了强制储蓄即延迟支付形式的创新。所有收入中超过规定金额的部分，按照一个递进的百分比缴给政府。其中一部分采取直接税的形式，另一部分则以强制储蓄的形式计入个人账户。这些账户会支付利息，但一般会被冻结到战争之后，只有在一定条件下才能提前支取。这部分收入不缴纳所得税，因此，即使在现有的国民保险体系下，这种计划也可以发挥作用。

由于凯恩斯不断磋商讨论，《如何筹措战争费用》中的建议出现了多处修改。主要变化影响了低收入群体：他建议对每名15岁（预期离校的年龄）以下的儿童，提供每周5先令的家庭补贴，补贴支付给儿童的母亲；并且，规定范围内的必需品即"刚性配给"部分，可以固定低价购买——即使这样做需要补贴。这两处变化实际上提高了很多最低收入家庭的收入，比之战前有所增加。但是，这些让步需要以真实财力为成本；因此，凯恩斯必须让他的计划能够产生更多收入。他建议，所得税的儿童免税额应该下降到零。他还把所得税与强制储蓄的组合比例的累进上限，从80%上升到85%。最后，根据哈耶克（Friedrich Hayek）的提示，他建议，强制储蓄可由累进的资本税筹资偿还。因此，他"尽力从战争的紧急状态中抓住改进社会的有利机会"，包括"推进经济平等，让经济平等程度超过近年来我们曾经达到过的水平"。

这本小册子出版后，凯恩斯的论战并没有停止。第二天，他就在上议院做了一场特别安排的辩论；更多会议信息、更多信件登载在报刊上。3月11日，他又与泰尔曼（Donald Tyerman，《经济学家》杂志副主编）在BBC上做了广播讨论。各方对建议的态度仍然五花八门、不一而足。左派给予了一些支持，包括工团主义者、工党积极分子及顾问，但是在工党的前座议员中进展很小，从贝文（Ernest Bevin）*那里则完全得不到支持。在伦敦金融界中，他获得了英格兰银行行长和几名董事的支持，但是遭到了与国民储蓄运动有关的董事的反对。在经济学家和经济顾问中，对建议的支持是坚定有力的。凯恩斯正在取得进展，除了"那些愚蠢的政客，他们该死的脑袋瓜根本不能接受任何传统上不熟悉的东西"①。但是，随着德军攻占西欧，环境很快发生变化，首相张伯伦辞职，丘吉尔领导下的联合政府成立。

6月28日，凯恩斯被任命为新晋财政大臣的咨询委员会委员。7月8日，该委员会召开首次会议。8月12日，财政部给他安排了一间办公室，配备了一位兼职秘书，他自己同时聘请了史蒂文斯（Stevens）夫人协助办公。他没有日常工作，也没有上班时间要求，但他是一些委员会的成员，有"某种程度的自由职权"——他这样告诉剑桥大学国王学院的院长。在进入财政部初期，他主要关注的事情，是继续与《如何筹措战争费用》相关的论战。现在他有了影响力：从10月21日开始，他成为财政大臣的最高机密预算委员会的成员。

＊ 贝文（Ernest Bevin）是当时全英交通运输工人总工会领导人，工会运动的主导人物。——译者

① Modern Archive Centre, King's College, Cambridge, Keynes Papers, HP/3, JMK to R. McKenna, 28 January 1940.

在1941年4月7日预算草案提交议会前的几个月，凯恩斯的详细建议和其他人的建议一样，被丢在一边——遭此待遇，可能是因为管理的复杂性，也可能是这些建议看起来"太像改头换面的所得税"。但是，预算白皮书《战争融资来源分析与1938—1940年国民收入支出估计》的发行，斯通（Richard Stone）和米德（James Meade）编制的第一版英国官方国民收入估计的出版，说明凯恩斯的分析方法被广为接受。当局承诺采取非通胀的战时财政政策，承诺运用凯恩斯的分析框架，确定在产出与潜在支出之间存在多大差距——这个差距如果不是由通货膨胀自动弥合的话，就必须由自愿储蓄和（或）税收增长来填补。就像凯恩斯对他母亲说的，"战时预算的逻辑结构和方法，以及新的白皮书，确实是公共财政的一次革命"。

预算方法是简单的。战时的超额利润税有一些微调。已经逐渐发展起来的消费者补贴计划，也体现了财政大臣要尽力防止生活成本指数上涨的承诺。所得税有大幅的增长。由于个人免税额降低以及工资收入津贴的影响，所得税系统增加了近400万新纳税人。所得税的标准税率上升到50%，最高边际税率达97.5%。由免税额降低引起的纳税增加，被认为是强制储蓄或延迟支付，将于战后得到补偿（最后是在1972年得到补偿）。延迟支付的量，第一年是1.25亿英镑，对比凯恩斯最初建议的6亿英镑，更像是一个尝试，而非核心的要点。但是，延迟支付，加上稳定生活成本指数的承诺、方法论上的革命等，正是成功的"劝说文"的成果。[①] 如战时财政政

[①] 家庭补贴持续更久：1945年6月方案纳入法令全书，1946年8月开始支付。

策的官方历史学家塞耶斯(R. S. Sayers)所言,"英国领导人终于有了一种财政政策"①。他们有了一个政策和系统思考政策变化的方法——这正好体现了凯恩斯的引起争论而有说服力的成就。

---

① R. S. Sayers, *Financial Policy, 1939-1945*, Longmans Green for Her Majesty's Stationery Office 1956, 62.

弟兄们、朋友们、同胞们：

    在此我想要告诉你们的道理，仅次于你们对上帝的职守，关系着你们的救赎，与你们自己、你们的儿女都息息相关；你们的衣食住行、日常生活的每一件必需品也完全取决于它。因此，我最诚挚地劝诫你，生民、基督徒、为人父母者、爱国者，请全身心投入阅读这篇文章，或者让别人帮助你来读懂它；为了让你能以更低代价读到它，我已经让出版方把书价定到最低。

    你们的最大问题是，当有人别无所求，单单只是为了你好而写作时，你却不尽心去读懂他的忠告：这篇论文的一份副本，可以服务你们一群人，它的价格还不值一个铜钱。你们，即使是你们中间的聪明人，在目标上也没有共同、普遍的兴趣；你们不知道、不打听，也不关心谁是朋友、谁是敌人——这正是你们的愚蠢之处。

（摘自布商的第一封信——1724）*

---

* 指 17—18 世纪爱尔兰作家斯威夫特的讽刺文学作品《布商的信》。——译者

前　言

这本书讨论如何以最好的方式，协调战争需求与私人消费要求。在去年11月发表于《泰晤士报》的三篇文章中，我基于"强制储蓄"的阐述，提出了最初的建议草案。我们不抱希望，一项"强制储蓄"性质的新计划会被热忱接纳，照单全收；但是，无论专家还是公众，都无法对此视而不见，拒之门外；因为，没有人提出过更好的建议。一种司空见惯的批评是：迄今为止，公众舆论对这种理念还准备不足。这一点显然真实不虚。但是，当战争经济成为必然时，新的时代一定会到来；很多证据让人相信，公众并不是那么落伍的。

在我的文章引起的众多评论中，有一些建议富有价值。我已经借鉴了这些建议，把它们纳入到这里给出的更详细的修订版草案中。在第一个版本里，我主要关心财政技术问题，而没有顾及这种技术带来的社会公正方面的利弊得失。因此，在这个版本里，我力求抓住在战争中改进社会的急切需要。现在提出来的完整计划，包括了普遍的家庭现金补贴，由工人阶级控制本阶级的财富积累，必需品的廉价配给，战后的资本征税等，体现了经济的进一步均等化，超过当代已经达到的水平。这中间应该没有悖论。战争无可避免的牺牲，让人们比从前更加迫切关注：如何将牺牲减少到可以承受的最小程度。

像这样一个计划,如果没有替代方案做比较,不可能得到公平的评价。但是,迄今为止,没有迹象表明有任何替代方案。财政大臣*最近向议会解释:他正在寻求通过生活费用补助,阻止工资上涨。作为综合计划的一个组成部分,这是明智之举,类似措施后面会有推荐。作为争取时间的权宜之策,它是精明的。但是,就其本身而言,它却与解决问题背道而驰。因为它让货币超发更多,进一步激化了公众钱袋子里的消费能力与能够释放的消费之间的不平衡问题。

财政大臣已经同意这个结论。因此,我希望,他会赞同我们试着把他的政策纳入一个统一的整体。我已经向很多人士游说过这些建议,也收到了各种不同观点的评论。我充分相信,把这些建议提交给当局,不会不受欢迎。但也没有人期待轻而易举就取得成功。我的计划的缺点,不是它要求太多,而是太少;一年后回顾,可能是繁重的任务才刚破了个题,露了个尖。

只采取部分措施的可能性是存在的——这样做的结果如何,我将做一些大胆的推测。下面我将讨论通货膨胀的机制;我认为,如果我们推诿扯皮,通货膨胀将是大概率事件。但是,除了低速通胀和作为形势恶化之后果的通胀之外,它不是我直接的预期结果。《金枝》**上有一段文字,饶有风趣地阐明了原始人往往以点盖面,根

---

* 当时英国的财政大臣是约翰·西蒙(John Simon)爵士,后文中有多次提及。——译者

** *Golden Bough*,现代人类学的奠基之作,主要阐述巫术和宗教起源,影响巨大。作者是英国著名人类学家和民俗学家 J. G. 弗雷泽(Frazer, 1854—1941)。——译者

据零星的经历，做出一般性的概括。人就像狗一样，太容易"训练形成条件反射"：铃声响起，就有食物——上次这样，预计下次也不例外。但是，导致以往通货膨胀的心理基础是什么，迄今没有人提出过。在生产商、零售商方面，非但没有提高价格以应对不能满足的需求的自然趋势，他们还不乐意提高产品售价，就跟公众不乐意支付更高购价一样——除非不得已，要应付成本的实际上涨。他们没有意愿要去愚弄民意——倒是政府当局，似乎有这样的意图。商人对于在反暴利法下应该如何立足顾虑重重。有了超额利润税，他们就没有平常那么大的动力去争取利润最大化。简言之，超额利润税减轻了他们的负疚感，解除了他们的烦恼，而没有增加他们的负担，因为超额利润税清空了他们的货架，让迟到一步的顾客空手而返，而不是提高价格到供需平衡的水平。

因此，我认为，第一阶段会是供给短缺，而不是物价飙升。这是非常不公平、无效率的，并激发出了限制消费的办法。如果它激起更广泛的定量配给（这完全有可能），浪费和无效率将会更甚，因为人的需要和品味是各自不同、五花八门的（下面将具体解释）。正确的计划是把消费能力限制在适当金额之内，然后允许尽可能多的消费者自主选择如何去消费。而且，消费能力的压力会逐步引起通货膨胀之势，这是自然的补救办法和唯一可信赖的选择。

但是，更进一步、更不能令人满意的结果也有可能。供给相对于消费者消费能力的短缺，会给我们的外贸平衡带来压力。因为它会截留商品的出口，刺激当下的进口消费，以及国内产品的消费——这些本来都可用于战争目的。因此，我们全面投入战争的努力将会受到阻碍，我们的外汇储备会更快消耗，而不是节用有度。

不愿面对全盘的任务并善作善成，是懦夫的表现。但我们的国家现在还没有进入这种状态，而只求知道什么是必需的。这不仅懦弱，还很愚蠢。战争能否取得胜利，取决于我们能否组织起我们的经济力量，把顽劣的敌人从世界的贸易和交往中无限期地摈除出去。

J.M. 凯恩斯
1940 年 2 月于剑桥大学国王学院

第一章　问题的性质

对于一个自由的社会来说,要为战争而组织起来,是不容易做到的。我们不习惯于听从专家或先知的意见。我们的长处在于临时应对的能力。但是,对未经检验的观念保持开放心态也必不可少。没有人能够说出,战争何时会结束。在战争服役方面,人们认识到,早日结束战争的最优保证是有打持久战的准备。而在经济服务方面,如果做出不同的假设,岂不是荒唐?——但现在我们正是做了不同的假设。借用法国雷诺[*]先生的话说,经济方面我们缺少的不是物质资源,而是清醒的头脑和果敢的勇气。

如果所有政党的意见领袖都从战争的疲乏与困惑中振作起来,保持清醒的头脑,自己明白并向公众解释必须做什么,大家就会有取胜的勇气。然后,可以提出一项基于社会公正精神构思设计的计划——这项计划会把一段时间内的普遍的牺牲,当作前所未有地减少不平等的机会,而不是推迟令人向往的改革的借口。

因此,头脑更加清醒是我们的第一需要。但这谈何容易。因为,经济问题的所有方面都是相关联的,没有问题可以单独解决。

---

[*] 保罗·雷诺(P. Reynaud, 1878—1966),法国政治家,1940 年 3—6 月任法国总理,抵抗德国入侵;法国投降后,被德国监禁,战后被释放。——译者

资源的每一种用途,都是以放弃另一种用途为代价。当我们已经决定了多少资源可用于民用消费之后,还需要解决所有问题中最棘手的一个:如何最明智地分配这部分资源。

我假设,我们会把产出提高到资源和组织能力所允许的最高水平;如有结余,会全部用于出口;而只要负担得起,就会进口——当然要考虑可用的船舶载重量,使用海外资产储备的最合算的价格等。在我们自己的产出加上进口的总和中,我们必须拿走出口部分和战争所需部分;剩下的,就是国内民用消费。显然,这一部分的大小,取决于我们在其他方面的政策。如果我们减少战争支出,或者用光我们的外汇储备,国内民用消费就可以增加。

要保证很多独立政策的结果之综合,正好遂人所愿,是非常困难的。它取决于各种利益关系的权衡。供给方面的任何风吹草动,都会影响到上述最终结果。军方是应该大量库存军装,还是更应该出口布料,增加财政部的外汇储备?利用我们的船坞修建军舰好,还是修建商船好?20岁正当年的农民是应该留在农场,还是应该去参军?我们应该考虑把军队扩充到什么程度?为了防备空袭,工作时间和效率应该下降到什么程度为宜?——我们可以问无数个类似的问题,每一个这类问题的答案都与留作民用消费的资源数量有重大关系。

我们可以从确定平民的生活水准出发,得出留给军方和出口的有多少资源;也可以从增加军方和出口的需求出发,确定留给民用消费的有多少资源。现实结果会是两种方法的折中。目前很难说,是谁(如果有的话)在解决这些问题。最终结果,似乎更多是偶然因素,而非设计所致。这是双方你争我抢、各显神通的事情——而迄今为止，总是强者得逞。

但是，我们现在所讨论问题之最终结果的达成，是基于明智还是愚昧，是出于偶然还是设计，这中间并无多大差别。假定总产出已经达到我们所知如何去组织生产的最大限度，那么，会有一个确定的剩余总额留下来作为民用消费。当然，全体国民的合理需求会影响这个剩余总额的大小。如果出现某方面的严重短缺，上述"你争我抢"的一方力量会加强，另一方会减弱；资源会更多释放给民用消费。但是，除非我们远远没有为战争做出最大努力，一般我们不能容忍公众口袋里的钱的数量，在没有其他理由的情况下，对民用消费总额形成大的影响。

这带来了我们的基本命题。有一个明确的资源总额是留给民用消费的。这个总额可能比神机妙算和深谋远虑所确定的额度更大，或者更小。关键是：这个总额主要不是取决于公众口袋里的货币数量以及支出的意愿。

这一点与和平时期的经验有很大不同。这就是我们为什么无法面对战争之经济后果的原因。我们已经习惯了生产水平低于生产能力的状态。在这种状态下，如果我们有更多支出，就会有更多生产、更多购买；当然，比例未必一样。可资即时消费的供给增加可能没有需求那么多，从而价格会有一定程度的上涨。但是，当人们更努力工作并赚得更多时，他们就能够增加消费，比例上不会相差太大。

这等于说，在和平时期，蛋糕的大小取决于投入的工作量。而在战争时期，蛋糕的大小是固定的。如果我们工作更卖力，我们可以战斗得更好，但是我们不一定能消费更多。

基本事实是：民用蛋糕的大小是固定的——在民主社会，如果要国家理智行动，平头老百姓就必须学会理解这一点。

由此会带来什么结果呢？

概括地说，这一点意味着，公众作为一个整体，不能通过提高货币收入来增加消费。但是，我们大多数人还是会努力提高收入，因为我们相信：这样我们可以增加自己的消费——通常情况也是这样。的确，某种意义上它仍然是对的。对于每一个人来说，如果他有更多钱可用，就可以增加他的消费份额。但是，由于现在总的蛋糕大小是固定的，不可以再扩大，他只能在损害他人的基础上做到这一点。

因此，被视为孤立个人的我们每个人的优势，正好是被视为社会一员的我们每个人的劣势。如果所有人都支出更多，则没有人会得益。这样就有一个很好的机会去实施一项共同计划，一种每个人都必须遵守的规则。我想要说明的是，通过这样一项计划，工薪阶层的消费水平没有比以前下降，并且有余钱存放银行，用于未来受益和保障——否则，这些钱都会归了资本家。

如果没有这样的计划，我们不能消费更多，但是我们将支出所有的钱，剩下两手空空。因为物价会上涨，我们所购物资的成本上升，将耗尽我们支出的钱。如果所有收入都是每英镑上升2先令，并用于购买跟从前相同数量的商品，那就意味着物价也会每英镑上涨2先令；没有人能够比以前多得一条面包、一杯啤酒。

除非全部战争费用都由税收筹集（这实际上是不可能的），否则，必有一部分费用以借款来满足，这等于是说：有一些人的货币支出必须延迟。允许物价上涨，只是意味着消费者的收入会转移到资本家手里,并不能避免货币支出延迟。资本家得到的收益,大部分必须用于缴纳更高的税收;还有一部分可能自己消费,从而进一步推高物价,不利于其他消费者;剩余部分他们会借出去,因此,只有他们,而非所有人,会是增长的国家债务的主要债权人,也即战后可以花更多钱的权利拥有者。

由于这个原因,工会方面要求提高货币工资以补偿每一点生活成本上升,是徒劳的,而且对工人阶级非常不利。像一个寓言说的,愚犬吠影,反丢了嘴边肉。* 确实,组织较好的阶层,可能会在其他消费者受损的基础上反受其益。但是,工会这种做法,除非是要追求群体利益,否则,由此把其他人排挤出队伍,是在做徒劳无益的事情。工会领导人与其他人一样,心中都清楚这一点。他们言不由衷,提出的要求不是心里想要的。但又不敢降低需求,除非他们知道,还有什么其他政策可以提供。这是正当的,确实还没有清晰的计划提供给他们。

377　我已经被指控试图在自由社会应用集权主义的方法。这个批评实在是荒谬透顶、无出其右了。在集权主义国家,牺牲如何分配的问题是不存在的。这是它参与战争的基本优势之一。只有在自由社会,政府的任务才会因为社会公正的要求而变得错综复杂。在奴隶社会,生产是唯一问题。穷人、老人和儿童只能靠运气活下来;没有什么制度比这更适合于为统治阶级提供特权的了。

这本书的目的,是设计出一种方法,调整自由社会的分配制度,以适应战争带来的局限。主要有三个目标需要考虑:一是提供更高

---

* 指《伊索寓言》中狗与影子的故事。——译者

的回报，以激励、肯定人们做更多的努力，冒更大的风险——自由人不像奴隶，对这些努力与风险必须逆来顺受。二是赋予每个人选择如何使用一部分收入（他可以自由支配的部分）的最大自由——这种自由恰好属于独立的个人，而不属于集权主义蚁群的单位。三是减轻承受能力最弱的人群的必要牺牲——这是有价资源的一种运用，集权体制对此避而不谈。

第二章　解决方案的性质

即使货币工资水平没有提高，总的货币收入也会有一定程度的增长，因为，现在有更多投保的劳动力从事军方和民用职业，有加班加点的情况，有妇女、儿童、退休人员及其他原来没有就业的人加入了支薪的职业。

下一章将会说明（这在常识上也相当明显）：在一场像目前这样的战争中，可用于消费的商品数量一定会减少，断不可能增加到超过和平时期的水平。

因此，消费者口袋里可以支用的货币数量增加了，但是对应的商品数量没有增加。如果我们实行严格的管制，限定什么可以售卖，规定每一种消费品的最高价格，那么结果将是消费者买不到东西，只能口袋里揣着钱回家。除此之外，只有两种选择：一是必须有购买力从市场上撤离出来；另一是物价必须上涨，直到可购买商品的售价可以吸收增加的支出数量为止——换言之，就是通货膨胀的方法。

因此，我们的解决方案的一般性质，一定是从支出领域撤出一部分新增收入。除了商品短缺和物价上涨之外，这是唯一方法，可以让我们在支出的货币和购买的商品之间保持平衡。

自愿储蓄如果足够大，是可以满足这个目的的。无论如何，自愿储蓄都不是坏事，它可以限制问题的严重程度。那些开展自愿储蓄运动、致力于增进利于自愿储蓄的自我约束和公益精神的人们，对于他们的传教士般的热忱，不应出言阻止。我的计划中也没有什么东西，会使个人自愿的节衣缩食变得无用，或者多余。我的目标是一个实现最低限度的计划；如果计划要由实际的让步为前提条件，最有可能的结果是最低限度也达不到，计划本身不能胜任所需。而个人在消费上如果比规定的更为节约一点，就可以改善其他消费者的状况，或者增强我们的战争努力。

但是，国家潜能和国民收入分配的分析（将于下面两章给出）很清楚地表明，自愿储蓄不可能足够地大。以为已经够大的人，都是在掩耳盗铃，自我欺骗，是他们自己的宣传的受害者。而且，我认为，很多人会欢迎一个明确规定的计划，这个计划指明了他们的最低责任；至于谁心生感念、要做更多的话，尽可以放心：他们的努力不会付诸东流。最低限度的计划不会阻止个人为了公益事业和国家目的，自愿做出牺牲——这一点与我们的税收制度是一样的。国家仍然迫切需要个人进一步节制消费，但要始终牢记：有一些形式的节约相对来说价值要低得多。我还认为，明确规定的计划还有一个优点，是它让普通人不必再困扰于需要节省多少的问题，不必再考虑这样做究竟好不好的问题。过分痴迷于储蓄，可能有帮助，但未必美好。并不总是谁决定储蓄，谁就做出了真实的牺牲。有时候，公众的需要也可能成为一个借口，以自我认可的姿态完全放任一种本能、一种恶习。

因此，我们的根本计划的第一条规定（第五章和第六章）是：确定每个人收入的一定比例必须暂时撤出，即是说，不能马上消费，只是作为战后消费的权利而存在。如果这个比例可以针对每个收入群体公平地确定,这种策略会有双重优势。一是意味着,战争期间马上消费的权利,可以比任何其他计划下,都分配得更接近于相对牺牲。二是意味着,战后消费的权利(国家债务的另一种称呼),可以在所有放弃马上消费的人们中间广泛分配,而不是像原来一样,主要集中于资本家阶级手中。

第二条规定,是通过战后的一般资本税,在不增加国家债务的情况下,给付这个延迟的消费。

第三条规定,是保护当前消费不会有任何减少——因为人们现行的生活标准并没有多少余裕。为了实现这一点,可以采取最低免税额、税率大幅度累进、家庭补贴制度等。这些建议的最终结果,是增加周收入小于75先令*的年轻人家庭的消费,让低收入群体的总消费每周有5英镑或略少,接近于战前水平(同时给予他们权利,把消费延迟到战后,作为他们额外工作的回报),并把周收入超过5英镑的高收入群体的总消费平均削减约1/3。

第四条规定(第八章),由前面的诸条规定给出了可能性,但它本身不是前面规定的基本要求,即,把货币工资、养老金及其他津贴的变化,与一定范围的定量配给(这个范围的定量配给,已被称为刚性配给)的消费物资的成本变化,进一步联系起来——当局要通过种种办法,努力阻止价格上涨。

这个计划,是在借鉴批评意见并做进一步反思之后提出来的,

---

* 当时英国币制:1英镑(£)=20先令(s),1先令(s)=12便士(d)。本书均按此换算。——译者

比我于去年11月在《泰晤士报》专栏上提出的收入延期计划（the plan for deferment of income）*要更加综合。然而，这个最初的建议是整个计划的关键，没有这个关键，其余部分就无所附着，行之不通。如果没有这个建议，家庭津贴的成本将会加重消费问题，因为它只是单方面增加消费，而没有从另一方面减少消费，只能使通货膨胀的发展更加不可避免。就低价水平上的刚性配给来说，同样是这个道理。除非我们一开始就把购买力的超额部分从市场上撤出，否则，补贴消费的支出将使国库陷于更深的财务泥潭。但是，如果收入延迟的建议获得通过，整个计划就可以牢牢成立。

像这样的综合计划，要求所有人都要遵循，就像交通规则一样——每人都会因此受益而无人损失。把这样的规则看作是对自由的冒犯，多少有点愚蠢。如果交通规则得以贯彻实施，人们会像原来一样频繁地出行。同样，在这样的计划下，人们的消费也会与从前一样多。交通规则让人们在道路通行上，有跟没有交通规则时一样多的选择。这个计划也让人们在消费什么商品方面，有跟从前一样多的选择。

与交通规则做比较是非常恰当的。因为，这个计划正是意在防止人们通过彼此争夺的方法消耗他们的资金。

---

* 本书中，译为收入延期、延迟收入的，原文一般是 deferred income，deferment of earning/income，deferment；译为延迟支付的，原文一般是 deferred pay，deferment of pay，deferment，意思并无差别。——译者

第三章　我们的生产能力和国民收入

为了计算留作民用消费的盘子有多大，我们必须估计：

(1) 根据我们的人口、工厂、原材料等资源，当前我们有能力组织起来的最大产出。

(2) 我们能够多快速地安全使用外汇储备，让进口超过出口。

(3) 所有这些有多少要被用于战争。

要做出这些估计，相关统计非常不充分。自上一次战争以来，每一届政府都不重视科学，故弄玄虚，把收集基本事实的工作视为浪费资金。今天，无论政府部门内外，没有一个人不是主要依靠克拉克（Colin Clark）先生杰出的个人努力（在他的《国民收入与支出》一书中；后面文章将有补充）；但是，因为缺少只有政府才能收集的统计资料，他经常只能做出大胆的猜测。本文以下部分的基础详见附录一，准备过程中得到了罗斯巴斯（E. Rothbarth）先生的帮助。

我们的生产能力的货币量度，当然会由于工资、物价等在不同时间达到的水平而相应变化。为了避免问题复杂化，以下数字都根据战前的物价水平给出。

1939 年 3 月 31 日财年结算日，我们的产出价值，从成本端量度，包括无形的出口，大约是 48 亿英镑。在这个总额中，

第三章　我们的生产能力和国民收入　71

　　37.1亿英镑是公众消费的现时成本(包括维护工厂的成本);
　　8.5亿英镑是政府提供服务的现时成本(包括维护成本),不包括付给退休人员和国债持有者的"转移"支付等,因为这些不过是从一个口袋转移到另一个口袋,但是包括基本建设支出;
　　2.9亿英镑用于增加我们私有的资本品,包括建筑、工厂、运输工具等。
共计48.5亿英镑。

　　要增加产出,可以有以下几种途径:(1)把当年失业的12.75%的投保劳动力大部分吸收进来;(2)从投保人口以外吸引就业工人,包括孩子、妇女、退休和赋闲人员;(3)增加劳动强度和劳动时间(例如,增加半小时劳动时间,产出可以增长大约7.5%)。另一方面,由于劳动力要充实到军事领域(他们的产出应该被度量,根据他们的薪酬、补贴和生活费的成本,记录在资产负债表的另一边),由于原材料和船舶运输紧缺、空袭等,会造成效率上的损失。总的来说,如果我们的组织运行得当,产出增长15%—20%是可能的。按中间值17.5%计,我们假设,以战前物价水平量度的产值将增加8.25亿英镑。不过,至今没有发生这样的产出增长——这一点很重要。

　　还有另外两个来源,可以满足政府的要求。一是在公共和私人消费的成本中,有4.2亿英镑是商品当期折旧的成本,还有大约3亿英镑是用于扩充资本的。这个产出总计成本7.1亿(4.2亿＋2.9亿)英镑,一部分可以转移用于政府目的,假设包含来自折旧基金的1.5亿英镑,来自常规新投资的3亿英镑,合计4.5亿英镑。

　　第二个也是唯一剩下的来源,是出售黄金和外国投资,以及从海外借款。如果我们准备打一场持久战,就必须严格自我限制消耗这些资源的速度。我估计,我们可以从这个来源中安全取得的最大金额，每年大约是 3.5 亿英镑。①

总之，以上合计，总共给额外的政府需要和当期的私人消费带来的资源，为每年 16.25 亿（8.25 亿＋4.50 亿＋3.50 亿）英镑。

这与目前现实之间有什么关系呢？1939 年秋，财政大臣宣布，政府开支的速度已经达到每年增加 15 亿英镑左右。因此，如果我们实现上面假设的产出增长速度，应该会有一个小的边际产出（1.25 亿英镑）可用于增加个人消费。但是，每个人都知道，要达到这个规模的有组织的产出，我们还有一段长长的路要走。确实，在我看来，现在的政府开支速度显然没有给个人消费增长留下余地；维持原有的消费水平，已经导致商品存量和外汇储备减少，消耗的速度快于前面假设，即是说，消耗速度超过了安全水平。

而且，我们的战争支出显然还没有达到最大值。我们假设，下一年度的政府支出，在上一年秋季的估计水平上，增加不会超过 3.5 亿英镑；同时假设，我们成功提高产出到上面说的最高水平——那是对前景的乐观估计。这将导致整个社会的消费水平比战前减少 2.25 亿英镑。因此，我们必须从消费领域撤出 8.25 亿英镑新增的收入和 2.25 亿英镑原来用于开支的收入。

对此问题做这样的分析恰如其分。但有人会说，这是严重低估的，因为它对将来所需战争耗费之大小的考虑很不充分。这种说法可能是对的。而且，除非我们马上修改上面的方法，否则，它其实大大高估了我们的产出水平。然而，若是为了我目前的论证成立，并不需要超越现在已经清楚的情况。如果能够证明更大幅度削减

---

① 这个数值的由来，详见附录二。

消费是必需的,将会进一步支持我所说的一切。

现在,我们可以看出问题是什么,以及它是怎么来的了。即使工资或物价没有上涨,收入也会增加,因为产出增加,生产产出赚取的收入也会增加;根据以上假设,收入增量是一年 8.25 亿英镑。但是,尽管收入增加,得到这些收入的人一定要消费比以前更少。在收入增加的同时,消费必须减少——这个结论需要反复强调,不容置疑,并逐步渗透到一般意识中。但是,我们已经非常习惯于失业问题、资源过剩问题等,以致需要一些思想上的灵活变通,来调整我们的行为,以适应于充分就业问题、资源不再能够满足我们需要的问题。战争将我们由富足的年代带回到了匮乏的年代。

而且,新问题的急迫性被遮蔽了,显得晦暗不明,因为在经过将近六个月的战争后,仍然还有大量的统计失业人口。这要归因于组织工作上的失败,在这么短的时间内一定程度上不可避免,而如果政府有更多能量和智慧,至少可以避免一部分。但是,如果有人据此争辩说我们仍然处于富足的年代,那就大错特错了。今天的失业的性质,完全不同于一年前。它不再是由需求不足引起的。我们想要的东西,也不再有潜在的剩余供给。向充分就业的过渡被两个障碍所牵绊。一是要把劳动力转移到有需要的地方难度很大;二是除了劳动力不足之外,要使现有的需求变得有效也是困难重重(暂时而言,这是首要的)。例如,出口商和国内消费者可能都对纺织品有需求,同时,纺织行业可能没有实现充分就业;但是,如果制造商由于这样那样的原因(可能是好的,也可能是坏的),不能得到符合这些需求的羊毛,这种需求仍然是无效的。基本原材料的短缺可能是因为运输延误及其他原因,人为造成的短缺可能是由于新的控制系统的低效率(不能马上全盘掌握他们不习惯的工作)——很多时候这些是比劳动力不足更大的限制性因素。另一些情况下,还有工厂不够的问题。

但我要重申一点:这并不意味着我们仍然处于富足的年代。它只是意味着,在全部可用劳动力都被吸收之前,匮乏的年代已经到来。我不是说,我们的产出不能增至超越目前的水平。它确实可以,而且必定会随着我们组织工作的改善而实现这一点。但是,我们现在已经尽己所知而为。我们必须学习如何做得更好,而这需要时间。

就现在而言,我们吸收利用存量的能力,是令我们看不清已向匮乏年代过渡之事实的另一个因素。基本可以确定的事实是:在战争的头几个月,我们的私人消费水平就已经超过了生产剩余,超过的规模不可能无限期持续。一方面,政府需求有很大增长;另一方面,私人消费也没有理由认为已经充分削减。弥合这种缺口的,是我们动用了商品存量、海外资源和经营中的资本。因此,调节私人支出以适应可以实现的供给——这个任务,比表面上看起来的更加紧迫。我们不能拖延到充分就业达成之后再采取行动。

问题的大小现在可以说清楚了。读者可以领会到,在我给出的以上数据中,有不可避免的猜测和粗略的近似。如果有人知道得更多,我们欢迎他的批评。但我相信,结果的大小基本上是正确的,更精确的细节不会改变情况的大致轮廓。

第四章　富人能为战争筹款吗？

我们已经说明，且不说战争抬高工资水平，仅仅由于产出与就业增长，整个国家的收入就将增加大约 8.25 亿英镑。同时，私人消费将不得不减少超过 2.25 亿英镑（按照中档水平估计）。因此，总计有 10 亿多英镑的私人收入必须退出消费领域。这个数字是根据战前的工资和物价水平估计出来的。由于工资和物价已经大幅上涨，所有这些数字都应该按照现在的工资和物价水平，有所上升。到 1940 年 1 月末，批发物价已经上涨 27%，生活成本（按季修正）已经上涨 10%，工资可能上涨 5%；这意味着，我使用的总量应该上升将近 10%，才符合当前的工资和物价水平。

我已经听到这样一种说法：这些数字可能没有错，但它们不能证明，工人阶级应该做出任何牺牲。无可否认，工人阶级会更加努力工作；既然这样，他们就必须相应增加消费。如果生活成本提高，则工资必须相同幅度提高，而不只是总收入增长。这种说法认为，战争的全部真实成本，应该由富裕阶层承担。不仅如此，战争带来的对劳动力的需求增长，为工人阶级把自身的消费提高到原有水平之上，提供了很有必要的机会。

工人是否真的认为：他们应该是战争的受益者，可以利用战争机会增加自身消费；而其他人不仅要承担全部战争负担，还另有责任? 或者,是否只是一些工人领袖认为,这样符合他们的利益? 这是一个政治问题,我没有能力给出答案,也没有必要给出答案。

因为,从现实的角度看,我怀疑这是不是实际可能的选项之一。无论如何,如果没有出台政策,采取措施,这不会是自动发生的一种情况。如果我们没有综合施策,而是随波逐流,结果不会是这样,而是通货膨胀或商品短缺。如我们将要看到的,通货膨胀明显对富裕阶层有好处,使富人的负担比之公平的份额更少,而不是更多。最后,我还要再次申明:我的建议不是与某种虚构的选项做比较,而是与我们眼前正在发生或者将要发生的实际选项做比较。

让我们调查一下事实。我用的数字,同样不过是对事实的粗略估计。我们不能准确知道,国民收入在不同收入阶层之间究竟是如何分配的——而这确实是最重要的事情。对于年收入 250 英镑以下和 2,000 英镑以上的首尾两端群体,有很好的证据表明,他们得到的收入比例是多少;但是,重要的中间群体,信息是缺失的。尽管下面说的很多细节都可能不准确,但是我认为,整体情景并无误导性。与前面一样,我们用战前的物价与工资水平作为量度标尺;因为如果离开了这个标尺,我们就如同置身于流沙之上,无所凭依。

我们会从战前的个人收入总额起步,① 加上预期的战时收入增长,减去战前已经在缴纳的地方税和国家税。

下表最后一行给出了这些收入数据。增加的战争支出,如果不是由现有的资本来提供的话,就必须由新增的税收或者借款来满足。(现阶段,收入在 250—500 英镑的群体逃避其适当税收份额的

---

① 关于这个总额的依据,见附录一。

方式,被明显激发出来。这个群体与 250 英镑以下的低收入群体相比,实际缴纳了战前收入的小得多的比例,具体而言,是 7.8% 比 13.4%。)

收入群体①	低于 250 英镑	250—500 英镑	500 英镑以上	总计
				(单位:百万英镑)
战前收入	2,910	640	1,700	5,250
战时收入增加	425	100	300	825
战时总收入	3,335	740	2,000	6,075
战前已在缴纳的税收	390	50	780	1,220
	2,945	690	1,220	4,855

第三章已经给出政府支出的增加额是 18.5 亿英镑。其中,1.5 亿英镑可以从累计折旧中取得(这部分不占用国内商品),3.5 亿英镑可以由海外资产和借款得到(暂不考虑正常储蓄),剩余 13.5 亿英镑必须来自新增税收、自愿或非自愿的新增储蓄(包括正常储蓄)。

在目前情况下,我们可以指望至少有 4 亿英镑的自愿储蓄——即使税收上升到一个很高的水平,下面说的延迟收入的建议付诸实施,这个数字也有望实现。我相信,这个数字明显低于最有可能的预期值——应该再提高 1.5 亿英镑;我保留下这个差额,以保证计算中其他地方相反方向的差错不会影响大局。这个自愿储蓄中,至少有 1 亿英镑积蓄在政府手中,包括失业基金、医疗保险与养老基金、战争风险基金等等。这 1 亿英镑最好是被看作政府对公众之需

---

① 这里的群体要理解为涵盖战前处于该层级的人群,尽管战时收入增加可能把他们移到更高的收入群体中。

求的净减少,因为它不能确切分派为任何群体的个人储蓄。另外3亿英镑,可能通过建屋互助协会、人寿保险公司、退休基金、公司未分配利润(仅此一项,战前估计就有3亿英镑)及其他制度性渠道积累起来——即使个人除了加于他们的要求之外,不进行另外的自愿储蓄。如果我们武断地把这个总额分派给不同收入群体(因为没有准确信息),情况会如下:

收入群体	低于250英镑	250—500英镑	500英镑以上	总计
				(单位:百万英镑)
战时收入减去战前已在缴纳的税收	2,945	690	1,220	4,855
最低自愿储蓄	50	75	175	300
	2,895	615	1,045	4,555

这中间,仍有9.5亿英镑必须提供给政府。即使这个计算有不小的误差,它也足以说明:如果每个年收入超过500英镑的家庭,必须把超过500英镑的收入,悉数作为税收上缴,则产生的税收收入是6.25亿英镑,仍然不敷所需,只是政府需要量的2/3。[①]

但这个建议是一种不切实际的夸张说法,超出了由我们的财政体制所能预期的程度。如果真的这样征税,将带来现有合同与承诺的普遍违约,应税收入本身将大幅下降。这些收入的很大一部分,是用于缴纳地方税[*]及其他不增加个人消费的用途,用于购买现有的资源(这些资源如果另作他用,价值将大打折扣),以及转移给受抚

[①] 大约有84万户家庭年收入超过500英镑,他们的战时总收入(扣除战前已在缴纳的税收和最低储蓄)超过10.45亿英镑;扣除每户500英镑收入后,还剩余6.25亿英镑。

[*] 本书中地方税的原文为rates,指地方政府征收的不动产税;与国家税(taxes)相对而言。——译者

养者。因此，年收入低于500英镑的群体，必须以某种方式做出大的贡献。

把免缴所得税的界限定于年收入250英镑，也不可行。收入高于这个水平的群体，大约有243万户。如果把他们超过250英镑的剩余收入全部征缴（共有10.5亿英镑），① 而这样做不会引起收入应激性下降（事实断非如此），那么，产生的税收收入刚好超过了政府的需要量。如果战争费用都由年收入超过250英镑的群体承担的话，那就意味着，要以储蓄和（新、旧）税收的形式，取走他们战时总收入的大约3/4，留给他们自己消费的只有收入的1/4强。

基于这些数字，我们不应该认为：周收入5英镑*及以下的阶层无须以他们的战时新增收入做一些担当，战争筹款即可告竣。因为，这个收入群体的人口占全国总人口的大约88%；收入占全国个人总收入的60%以上——已考虑了战时收入增长（指归因于产出增长的部分，而不考虑工资上涨），并扣除了战前已在缴纳的地方税和国家税；消费占目前总消费的大约2/3。而且，这个群体的收入会因为战争而平均增长大约15%。是否真的可以做到：周收入低于5英镑的家庭，允许他们的平均消费增长15%；而周收入超过5英镑的家庭，只允许他们收入的1/4用于消费？因此，唯一的问题是周收入5英镑及以下的阶层应该做出多大贡献，以及如何以牺牲最小、公正性最大的方式做出这些贡献。

如果我们有深思熟虑的计划，社会公正方面的考虑可以增多一

---

① 这个群体的总收入16.6亿英镑，减去大约6.1亿英镑（即243万户每户250英镑）。

* 即大约年收入250英镑。——译者

些。没有这样的计划(像现在这样),社会公正方面的考虑就会付之阙如。

作为讨论的基础,我将在下面两章提出一个建议。我认为,它在很多细节上有可能需要改善和提高,但它体现的原理比其他任何计划都更具有社会公正性。这个判断,是来自与我们眼前实际发生的情况的比较,而不是与某种虚构的选项或者根本无法做到的完美计划的比较。

第五章 延迟支付、家庭补贴和廉价配给的计划

接下来的论证，我必须在"非常确切"和"非常含糊"之间做选择。如果我提出的建议在所有细节上都具体而微，就会把自己暴露在众多批评前面；这些批评不着边际，没有切中计划的原则要害。如果我进一步利用数据说明问题，就越来越深地陷于猜测；我冒了把读者带入细节泥潭的风险——那些细节可能错误，当然也可能被修正而无伤大雅。但是，如果我仅限于论证梗概，就又不能给读者足够的东西以资钻研；而且，这样一来我实际上是在回避问题，因为有关因素的大小、量级等，并非无关紧要的细节。

我打算冒一冒给出更多细节与估计的风险，而不是限于梗概——希望读者对我的方法能够给予善意的理解。不过，我会帮助读者区分基本的原则和例证用的细节。在这一章，我以一些梗概打头（但是不能完全摆脱数字），下一章论证计划蓝图。

我们已经达成大致结论：考虑到战时产出增长，得益于战前已在征缴的税收收入，以及无论如何都会有的各种储蓄等因素，尚有大约9.5亿英镑的收入在私人手中不能支出，而必须转化为战争筹款。

依我看来，其中可能大约一半，即5亿英镑，可以通过税收征

缴起来。的确，不考虑征缴的时滞，在约翰·西蒙（John Simon）爵士的紧急预算中，一整年内已经征收的战争税可以提供4亿英镑，与之相近。我把超额利润税也包含在内——即使我们避免任何严重的通货膨胀，超额利润税也至少有1亿英镑。通货膨胀当然会大大增加超额利润税收入；但是，即使没有这种外来的援助，超额利润税也已不菲，部分因为产出水平更高了，还有部分因为利润在个体企业之间的分配，已经非常不同于以前年份。其他财政手段，包括对一些非生活必需品征收营业税，应该可以得到另外1亿英镑。但是，就我们的财政体制而言，如果适当考虑公正与效率，要想再增加更多就不容易了，除非是出台普遍的营业税、工资税，或利用通货膨胀作为征税手段。

除了4亿英镑已经到手，想要在没有通货膨胀的情况下，通过自愿储蓄，弥补剩余4.5亿英镑的缺口，几乎是不着边际的空想。必须记住，我们已经假定：每年由公众给政府的9亿英镑贷款捐献（3.5亿英镑交换海外资产，1.5亿英镑来自折旧基金，4亿英镑来自新的储蓄），少于由投资于政府基金、海外借款、出售黄金收入等产生的金额；因为政府支出增加的总额，不是每年9.5亿英镑，而是（根据我们的假设）18.5亿英镑。由于上面已经给出的理由，新增储蓄必须主要来自每周收入5英镑及以下的群体，并要求他们的支出习惯有一个变化（是否变化，并无证据）。

由于同样的理由，较低收入群体必须削减的潜在支出，不管采用什么方法，金额基本上是一样的。通货膨胀会是最糟糕的选择，因为它必定会给企业家阶层带来一些利益，而可能给工人造成真实收入上20%的损失。通货膨胀还会给最低收入阶层带来最繁重的负担——这是它与一般营业税共有的缺点。新的税收，如营业税、工资税，或者有通货膨胀辅助的老的税种，都可能最终剥夺工人用沉重的劳动换来的收入利益。他们会更努力工作，但整体而言，不能从中获得任何个人利益。如果财政部和工会领导人双方都避重就轻，虚与委蛇，随波逐流而没有明确的政策，只是采取惯常的办法而拒斥新的观念，这种情况就会发生，无可避免。

就没有更好的方法吗？我们已经看到，就一个社会整体而言，在战争支出增加的同时，想要马上增加相同数量的消费，是根本不可能的。这一点显而易见。战争支出用于战事，不能同时补充新增的消费。因此，一旦投入战争，只有两种后果可供选择：要么完全放弃等量的消费，要么将之延期。

对每个个人而言，一个大的利益是保留对自己劳动成果的权利，尽管他必须推迟劳动成果的享用。这样，他的个人财富会增长。因为，所谓财富，就是握有延迟消费的权利。

这为我们指明了出路：一定要把每个人的收入的一定比例，变成延迟支付的形式。

确立了这个一般原则，下面就是我们任务的实际困难了。即使我们以最粗略的方式运用这个原则，比如说，延迟支付税后全部收入的20%，仍然比选择通货膨胀要好得多。但是，民意要求：一个考虑成熟的计划，特别是新的计划，不应该仅仅是聊胜于无，而应该要追求"好得多"——这可能是正当的。新的计划需要应付反对意见的诘难——老的计划也有这些反对意见，但在老的计划中，习惯已经让我们忘记了这些反对意见。新的计划还需要满足社会公正的理想——这方面比之没有新计划时要有大的提高。

我们乐于面对这个需求。如果我们可以推翻战争筹款的紧急状态所要求的既定安排，有机会改进社会的收入分配，那么大家都可以从中受益。

以此为目标，我们可以在延迟支付部分现有收入的第一个原则基础上，增加第二、第三个原则。我们已经表明，所需要的大约有一半可以通过直接税收获得，另一半由收入的延期来提供。第二个原则规定：新增税收大部分应该落在年收入250英镑及以上的群体身上，低收入群体的贡献，主要应该采取收入延期的形式，而不是完全放弃收入。

第三个原则是必须维持适当的最低生活水准——必须比现在生活更好，而不是更差。因此，第二个原则给富裕阶层相对更沉重的负担，第三个原则给了贫困阶层特别的救助。

为了实现第三个原则，需要两个不同的建议。在我最初给《泰晤士报》的方案中，我试图建议实行最低免税工资来处理这个问题（已婚者的具体最低标准，根据他的家庭规模而定）。这个建议受到了合理的批评，因为它带来的补贴是不充分的。下面的方案更进一步，并且我认为有很大的改进。

过去一些年，支持家庭补贴的意见变得越来越重要。战争期间，很自然，我们会比平常更关心生活成本问题；一旦出现生活成本上升的威胁并需要提高工资来应付的话，家庭补贴的问题就一定会登上台面。生活成本上升的负担，最主要取决于家庭规模的大小。乍看起来，在战争期间提议一项需要花钱的社会改革，不免有些矛盾（和平时期我们都不认为自己能够提供）。但是确实，这个时候更加需要这项改革，因为这个时候可以为改革提供最合适的时机。

我和很多人一样，都认同这种观点。因此，我建议，每周5先令的家庭补贴应该以现金的形式发放给每个孩子，直到15岁。我估计这一项的净成本是1亿英镑，估计的依据见附录三。

这样的规定是否足够了呢？我们必须考虑相当广泛的低收入阶层，他们的收入不会因为战争而提高，或者，收入提高不足以与生活成本提高保持同步。工会需要获得某种保障，以应对物价上涨超过工资水平的风险，即使他们同意延迟支付或其他类似计划。

为了满足这一点，有建议提出：最低消费品配额应该以固定低价获取，即使需要补贴也无妨——这方面意见得到了亚瑟·索尔特（Arthur Salter）爵士、布兰德（R. H. Brand）先生、希克斯（Hicks）教授及夫人的大力支持。如果是我给财政部提建议，我会对这样的建议本身感到忐忑不安，因为它可能在某些环境下对国库造成几乎无法承受的负担。但是，如果它是一个综合计划的一部分，综合计划包含了一部分收入的延期，并得到工会同意，则我会接受它。

最低配额不应该包含生活成本指数涵盖的所有物品，而应局限于战时可得的有限的必需品。也不应该对未来的物价做任何绝对的保证。但是应该同意，最低配额的成本一旦上升，工会就可以要求工资相应提高。

但是，这样做的前提条件是：同时接受一项延迟支付的方案；396 并且，工会同意在接受上述保障的前提下，不再要求货币工资随生活成本而上升。

如果没有这些条件，消费者手中的购买力，会使任何价格固定的企图，都变得极度危险。给最低配额定低价，只会释放更多购买力到其他用途上，抬高其他价格，与固定配额部分的低价形成过大差别。试图固定消费品价格，同时允许消费者手中的购买力无限制地增长，这是一个明显的错误。

对于工会来说，这样的计划与渐进式的通货膨胀或者工资税相比，有着重大而明显的优势。尽管有战争需求，工人迟早还是可以享受到与他们的付出增加完全对等的消费；同时，即使是在战时，家庭补贴和廉价配额也会切实改善贫困家庭的经济状态。在把战争改造成为可以积极改进社会的机会上，我们本可以有所作为。比之徒劳无益地企图逃避对正义战争的应负责任，最终导致渐进式的通货膨胀来，这是多么大的利益啊！

第六章 细节之说明

在上一章,我回避了需要延迟的收入比例的准确数值、不应延迟的最低生活水准的准确数值等。原则上彼此同意的人们,细节上也可能分歧不小。因此,最好是把他们尽可能明晰地区分开来。我提出以下意见,作为讨论的基础。细节是一个程度和评价的问题。如果这些建议有错,可能错在对每周收入低于 5 英镑的群体做出的让步,超过了可以维持的程度——我相信,如果产出有足够大的增长,政府支出没有超过上面给出的估计,做出让步是可能的;但如果这两个前提假设有一个不成立,让步就无复可能。

细节上已经达成的基础如下:

(1)每周收入 5 英镑及以下的群体的真实总消费,应该尽可能长久地维持在等于或接近于战前水平。

(2)把这个群体一分为二,收入较低的一半人群,很可能从战时总收入增长中受益最少,或根本一无所获;因此,如果要维持他们的生活水准不变,当前他们的收入就不能有很大一块被延迟。

(3)由于生活成本相对于工资(但不是相对于总收入)有所增长是必然趋势,并且在任何方案中,个人待遇不平等的问题都无可避免,因此,我们应该依靠家庭补贴,确保不平等能够有利于有子女的家庭,保障这些家庭处境稍好一些。

(4）由于低收入群体的战时收入增长，可能代表了他们增加的工作量超过了高收入群体；因此，前者的贡献主要应该是收入延期，后者的贡献则主要是税收增长。

（5）进口商品成本增长，可能引起生活成本相对于工资水平不低于5%的增长（即使存在补贴）。

这里还有一个问题：我们是否可以通过税收和延迟支付，提供所需的全部9.5亿英镑，或更精确地说，包含家庭补贴成本的10.5亿英镑？我给《泰晤士报》和《经济学杂志》的建议，在这方面有一些犹豫，而且显然达不到要求。现在，在我看来，更好的做法是从一个力求圆满的方案起步——即使这是一个理想而不切实际的意见。因为后续的让步肯定要耗费产出，因此，如果起步时实施的方案就有所不足，到结束时差距将会很大。下一章介绍的各种让步可能至少需要耗费0.5亿英镑；因此，我的目标是要形成6亿英镑总额的延期规模。

下面提议的实际规模事实上能否实现这些目标，不可能准确预测。它们只是旨在贯彻上述原则。如果事实表明，它们做不到这样，则可以相应修订。负担分配的具体目标值如下：

收入群体	低于250英镑	高于250英镑	合计
		（单位：百万英镑）	
增加税收①	150	350	500
收入延迟	250	350	600
生活成本相对上升造成的损失	125	50	175
合计	525	750	1,275

---

① 包括战前已在缴纳的税收的增长。

			续表
减去战时收入增加	425	400	825
剩余	100	350	450
减去家庭补贴①	100	—	100
真实消费减少	0	350	350

上面估计，生活成本相对于工资上升，会造成一定损失——生活成本比战前上升10%，只有部分被工资上涨5%所抵消。这大体上就是现在的情况。这个估计假定，高收入群体较之低收入群体，受这个因素的影响相对小一些。

大体上说，最终结果意味着：比照战前真实消费水平，高收入群体的总消费会减少整整1/3，而低收入群体的总消费完全不至于如此。但是，读者会理解，到目前为止，我都深陷于统计的泥潭，在数字上可能存在严重的细节错误——这些数字都是我大胆揣测的，可能过于大胆了。

这种负担分配可能招致批评：它需要高收入群体做出相对较大的牺牲。当然，它利用战争筹资的机会，进行了重要的收入再分配，争取了更大的平等。工人阶级的任何负责任的领导人是否认为：徒劳地根据生活成本的上升而提高工资，或者其他什么做法，会比这种分配方式更公正地解决问题，更有利于低收入群体呢？

这里提出的建议有一个重点：它为每周收入3英镑及以下的最低收入群体提供了特别保护——这个群体不能从战时收入增长中受

---

① 为简化起见，我假设，现有的针对儿童的所得税免税额，已经给收入高于250英镑的群体带来了平均每个儿童5先令的成本。这可能恰当，也可能不恰当。也许是夸大其词，因为免税额对于直到大约400英镑的收入群体，是每个儿童3先令9便士；此后逐渐上升到7先令6便士。

益；它也为有家室的男人提供了特别保护——他们最不能放弃任何可资利用的处境改善。

实现这个结果的最佳方案是什么？在发表于《泰晤士报》的一篇文章中，我提出了一种方案，有利于把整体结果展示给直接税收的纳税人和延迟支付的承担者。当然，这种方案会招致各种细节上的不重要的批评，那是英国国内税务局在实际计划中不得不面对的。但经过深入的思考，我还是不能找到更好的方案，以体现这个计划的一般性目的与结果。因此，我还是保留这种方案，并做出一些必要的修改，以满足较低收入群体内部再分配的需要——现在提出的再分配，是通过家庭补贴来进行的，或者，要把它与直接税收负担更缜密地联系起来。修改后的方案见于附录四，它的细节效果如下：

（1）儿童补贴(children's allowances)。*如果细加审视，现行所得税下的儿童补贴制度显得很不协调。一个年收入250英镑的家庭，第一个孩子的儿童补贴是每年7英镑，后面的孩子则没有补贴；补贴随收入逐步提高，最高到每个孩子18英镑15先令。没有缴纳所得税的人，则没有一般的儿童补贴——但在一些特殊情况下，也会有补贴发放。作为整个现行儿童补贴制度的替代，我建议对所得税的纳税人和被保险人群，统一按照每名儿童每周5先令（即每年13英镑）给予补贴。

（2）最低基本收入。应该免于被延期的最低基本收入，我建议未婚者应是每周35先令，已婚男性应是每周45先令。如果决策者想要其他不同的数字，可以通过改变超过最低基本收入部分的延期

---

* 指以税收减免形式为主的儿童补贴，也可译为儿童免税额，指一定金额的应纳税收被返还（或免征）给家庭，作为养育子女的补贴。——译者

比例,给予调整。

(3) 超过基本收入的收入。全部收入超过最低基本收入的部分,有一个百分比要付给政府,一部分作为直接税收,一部分作为延迟支付;这个合计的百分比随着收入水平增长而快速上升。计算公式由附录四给出,但是它对各收入水平的影响,由下表体现得更清晰。我们把没有未成年子女的已婚男人作为标准情况,被留下来作为延迟支付(以及所得税及附加税)的收入百分比计算如下:

	百分比
每周 0—45 先令	0
50 先令	3.5
55 先令	6
60 先令	8.75
80 先令	15.33
100 先令	19.25
每年 300 英镑	21
400 英镑	25
500 英镑	27
700 英镑	29
1,000 英镑	35
2,000 英镑	37.5
5,000 英镑	53.5
10,000 英镑	64
20,000 英镑	75
50,000 英镑	80
50,000 英镑以上	85

如下表所示,对于收入较低、有未成年子女的人来说,我提出 401 的家庭补贴,会给他带来更好的结果。总体而言,如果有两个子女,一直到每周 75 先令的收入水平,他都是大有裨益的。

(4) 课税与收入延期的划分。在上述方案中,一个人收入的适当部分会被留下来，用于完纳所得税及附加税（如果有的话）。余额会作为存款计在他的名下（具体方式将在下一章解释）。所有这种一般性个人的最终结果，见下面两表：

	每周收入	延迟支付	现行所得税
未婚	35 先令	0	0
	45 先令	3 先令 6 便士	0
	55 先令	5 先令 9 便士	1 先令 3 便士
	75 先令	9 先令 9 便士	4 先令 3 便士
	80 先令	10 先令 9 便士	5 先令
	100 先令	14 先令 3 便士	8 先令 6 便士
已婚	35 先令	0	0
	45 先令	0	0
	55 先令	3 先令 6 便士	0
	75 先令	10 先令 6 便士	0
	80 先令	12 先令 3 便士	0
	100 先令	15 先令 10.5 便士	3 先令 4.5 便士

	每周收入	延迟支付与所得税	家庭补贴	剩余用于消费的现金
已婚有两个年幼子女	35 先令	0	10 先令	45 先令
	45 先令	0	10 先令	55 先令
	55 先令	3 先令 6 便士	10 先令	61 先令 6 便士
	75 先令	10 先令 6 便士	10 先令	74 先令 6 便士
	80 先令	12 先令 3 便士	10 先令	77 先令 9 便士
	100 先令	19 先令 3 便士	10 先令	90 先令 9 便士
已婚有三个年幼子女	35 先令	0	15 先令	50 先令
	45 先令	0	15 先令	60 先令
	55 先令	3 先令 6 便士	15 先令	66 先令 6 便士
	75 先令	10 先令 6 便士	15 先令	79 先令 6 便士
	80 先令	12 先令 3 便士	15 先令	82 先令 9 便士
	100 先令	19 先令 3 便士	15 先令	95 先令 9 便士

因此，一个已婚有两个未成年子女的人，在收入上升到接近75先令之前，实际上都有更多现金可用于消费；有三个子女的人，则收入可以上升到接近95先令。这些有家室的人除了可马上消费的现金增加之外，还会有大量延期收入计在他们的名下。

对于每周收入超过5英镑的已婚男人来说，结果如下：①

总收入	应付的所得税及附加税	延迟的收入	剩下的收入
			（单位：英镑）
300	15	49	236
400	31	68	301
600	93	76	431
1,000	218	135	647
2,000	562	285	1,153
5,000	2,055	630	2,315
10,000	5,268	1,156	3,576
20,000	13,018	1,896	5,088
100,000	80,768	4,133	15,099

收入水平提高，延迟收入占总收入的比重会有一定程度的下降。但是，如果考虑到这些高收入群体被征收了总额巨大的所得税及附加税，这个比重不会降得太低。以年收入10万英镑的人群为例，延迟收入只占总收入的4%，但是占了税后收入的21.5%。

（5）征收的方法。对于已投保的人群，征收方法与社会保险的方法一样。每个投保的工人会拥有一张雇主签章的延期工资卡。对于所得税纳税人，方法与征缴所得税的方法一样。就年收入750

---

① 他还会获得每人每年13英镑的未成年子女补贴。未婚男人要多缴纳13—16英镑的所得税，并有略少一点的延迟收入。也许应该有额外的补贴给这些收入阶层的已婚男人。

英镑以下的人群而言，如果考虑到所得税免税额，延迟支付的全部问题都可以处理。对于附加税纳税人，方法也与征缴附加税的方法一样。因此，无论是金额的估定还是征收，都不需要有新的方法——这在战时可谓是很大的优势。

如果收入有波动，可以首先扣留下适用于每一期的延迟支付比例。然后按季或者其他任何合适的时间间隔，把它调整到平均收入的适当比例——能够这样做，是因为延期卡上登记了所需的全部信息。

（6）延迟支付的储存。个人应该把延迟支付储存在哪里，可以有很多选择。他可以选择互助会、工会、任何其他经核准从事医疗保险的实体；或者，也可以舍弃这些，选择邮政储蓄银行。因此，由工人自己的机构为他们掌管资源会受到鼓励；如有需要，可以赋予这些机构一定程度的自由裁量权，条件是一旦个人有紧急需要，这些资源可以释放给个人——这一点下一章将会论及。

读者很容易发现，降低所得税的免税限额，将不同收入水平的所得税率及附加税率提高到附录四给出的收入百分比，也可以得到同样的结果。对于那些不喜欢新奇方案、宁愿固守容易理解之方法的人来说，这是可靠的选择。如果同时伴有家庭补贴，在我看来，这样的解决方案再没有财政上的反对理由。但从社会的角度出发，我倾向于更新奇的建议：它让人们努力奋斗的动机更强，吃亏的感觉更弱，而需求则真真切切地减少，并把安全的优势扩展到整个社会——从而节约了用途比以前更广的资源。

第七章 延迟支付的释放与资本税

在上述计划下，公众的工资及其他收入中被延迟支付的部分，会作为冻结存款存入所有者的账户，放在上面说的互助会，或他自己选择的其他有资质的机构，或者存放在邮政储蓄银行，获取2.5%的综合利息。如果上述计划中的生产目标得以实现，这种方法积累的总量将达到每年大约6亿英镑。事实上，积累可能不及这么多，因为需要做出如下各种减让。

第一，战前就有一些关于储蓄的明确承诺——根据这些承诺，人们有理由要求动用自己的冻结存款，支付建房互助协会的分期付款、人寿保险公司的保险费、分期购买承诺，可能还有银行贷款。（我已经留出0.5亿英镑的余地；如果还不足，我相信，在自愿储蓄的估计额中，除了延迟计划，预计还有大量隐蔽的储备。）释放冻结存款用于缴纳遗产税，也是合情合理的。

第二，人们可能可以用他的延迟支付，购买新的人寿保险或两全保险。鼓励人们这样做的方案，可能是由人寿保险公司策划的，以便适应特定的环境。

第三，这些存款是人们自己的财产，意在增加安全感，以备家庭及个人的不时之需，因此，应该允许人们经过互助会批准（如果是邮政储蓄银行，则经过当地委员会批准），使用自己的存款去看病，应付失业，或其他特定的家庭支出。

但是，存款通常不是打算在战争结束前就花掉；战争结束以后，存款会通过一系列分期付款而释放出来——付款时间不会过度推迟，而是由政府确定。同时，这些存款不应该计入以下种种核算，包括对申请补助者的经济状况调查、老年人的养老金资格审查、下文建议的资本税收等等。

存款最终释放的恰当时间，应是在战后首次衰退发生之时。到那时，现在的状态会完全颠倒过来。我们面临的不是需求超过供给，而是生产能力超过当期需求。因此，收入延迟支付的制度一箭双雕：现在可以阻止通货膨胀和稀缺资源弹尽粮绝，将来又可以防止通货紧缩和失业。极有可能的情况是现在我们焦虑于如何减少消费需求，战后将发愁如何增加消费需求。最明智的做法，是把私人支出从不能用于增加消费的时期，推迟到可以带来就业（否则会造成资源浪费）的时期。

如果存款在这种环境下释放，延迟支付的制度会在真实资源和财务核算两种意义上都实现自我清偿。在真实资源的意义上实现自我清偿，是因为，原本会被闲置的劳动力和生产能力，现在可用于满足消费需求。在财务核算的意义上实现自我清偿，是因为，这样就没有必要另外增加贷款，以发放失业救助，或者支付公共工程等，以作为防止失业的办法。

不过，我已有的经验是：这个方案中最容易引起疑虑的，无过于冻结存款最终能否偿还的问题。这种批评令人诧异，在我看来是很不合理的。因为，无论延迟支付，还是自愿储蓄，如果结果相同，国家债务就是一样的，不会因为延迟支付而扩大。而且，财政部拥有何时释放冻结存款的自由裁量权,从而更容易掌控这部分国家债务,不像战争可能遗留下来的其他巨额短期债务。我认为,其实大家争论的是:以这种方式延迟下来的储蓄,比之正常的储蓄,更可能被所有者一得自主就花费掉。我不能确定,这一点可以在多大程度上被事实证明。冻结存款也可能有助于推广小额储蓄的习惯,其中很大一部分可能谨慎地留在账户上,就像现有的银行储蓄存款一样。但是,我提出的方案的可行性,并不依赖这一点。甚至,如果存款到了释放之时而没有被花出去,我预想的促进就业的优势都无从实现。我只不过是假设:可以采取一些措施,防止存款被过快花掉——快于它们可以被新的贷款替代的速度,新的贷款是减轻或者避免失业所必需的。

然而,即使公众意见仍然认为偿还冻结存款有困难,这个问题也好解决,解决方式对问题本身也有利。如果战争持续两年乃至更长,国家债务将会达到难以驾驭的水平,将在未来妨碍国家金融安全。这种情况下,可以开征资本税(在我看来,就像上次战争结束时所做的那样),只要它能够在战后出现衰退之前付诸实施。就衔接资本税收与延迟支付而言,这未尝不是一件好事。

因此,我建议,应该明确战后将开征资本税,获取足够的资金,以清偿延迟支付的相关债务。我还认为:这两件事情不同时进行,可能要更好一些。到爆发严重失业时才释放延迟支付,具有巨大优势,不宜轻言放弃;然而,到爆发严重失业时才开征资本税,可能是最不好的时机。如果资本税按照总额征缴,应该在战争结束后尽早实施;特别是,当暂时的繁荣景象近在眼前时,更应如此。不过,更好的做法可能是在一个时期内以分期缴纳的方式征收,这样既便于税收征缴，又可大幅减轻干扰。这个做法有独特的优点，可以在行政管理方面为永久的资本税铺平道路。这种资本税是我们的财政制度的有益补充，较之所得税有很大的优势。无论如何，战后都会有大量短期国债需要兑付，因此，技术上没有理由认为，资本税的开征和冻结存款的释放需要同时进行。

劳工阶层通常认为，资本税应该纳入战争筹款的直接计划。这个观点背后的理由是：战争应该是减少而非加大现存财富不平等的时机——上述建议完全符合这种看法。与此同时，对战时直接征税的巨大乃至压倒性的反对意见不复存在。我反对战时资本税，主要不是因为行政管理上的困难，尽管这方面的困难可能难以克服。问题的关键在于：现在资本税对于解决直接问题很少或根本没有作用。我们不能从富人的当期消费中，取得一个值得拥有的资本税规模。富人只能通过把资产移交给政府，来缴纳资本税；因此，这种税收的资本价值将完全无助于当下的筹资任务。一项措施如果不能减少当期收入的花费，于今而言就根本没有用；同时，根据我在第四章给出的理由，根本没有办法把低收入群体的购买力增长，转化为消费的相应增长。这个群体必定有一部分人需要推迟消费，除非是诉诸通货膨胀——通货膨胀允许人们支出，但是剥夺了支出的一部分果实。而我提出的建议可以保证他们最终分毫不差地享用自己的收入。

经营冻结存款的一般原则既已确立，就可能有其他好的机会去利用冻结存款的策略。特别是，现役军人的经济状况，可能与留在民用职业上的人的经济状况更趋一致，因为他们会根据服役年限获得相应的冻结存款。"老兵津贴"是特别适合通过征收财富的资本税而予清偿的债务。

　　冻结存款的策略也可用于处理超额利润。战争期间,最好是不允许有超额利润。但这在实践中不可取,因为,这样会让那些仍然从事商业活动的人丧失任何经济激励;上一次战争的经历表明,这容易导致巨大的浪费。税前超额利润总额要尽可能大,这符合财政部的利益;如果从事商业活动的人们丧失了所有激励,这一点将无从实现。现行的超额利润税率是60%。这意味着,包括所得税在内,超额利润已经有75%归属财政部,如果还有附加税,比例会更高。如果计税的基础变得更加公正,法律上计入超额利润的部分,事实上确实是超额利润,那么,超额利润尚有适度增长的余地。但是,更好的方案可能是要求超额利润在缴纳超额利润税和所得税后,剩余部分纳入冻结存款。

第八章　定量配给、价格管制与工资管制

提高生活成本（工资上涨徒劳无益地紧随其后），以实现市场均衡——这种机制将在下一章分析。有一点无人否认：这是可能的解决方案中最糟糕的一种。

我认为，摆脱这种机制的唯一方法，是通过征税或者延迟支付，从市场上撤出适当比例的消费者购买力，从而不再有不可抗拒的力量推动物价上涨。但是，也有很多人相信，还有另外一个选项，即利用定量配给和价格管制的组合，控制生活成本；如果这么做了，工资管制也会变得容易。

我认为，以为可以仅凭这些措施达成均衡，是一种危险的错觉。不过，定量配给和价格管制的一些措施，应该在我们的综合方案中发挥作用，并可能是我们的主要建议的有效辅助手段。因此，在此讨论这个问题是恰当的。

实施定量配给和价格管制，而没有辅以消费者购买力的撤出，主要有两个反对理由。第一个反对理由，源自个人之间消费的天悬地殊。如果我们的需要和品味都是一样的，则取消消费者的选择权，并没有真正的损失。但事实上，如果分配给我们每个人每种消费品完全相同的定量，在资源和享受两方面都会造成巨大浪费。对

于某些消费品来说，如面包、糖、盐，可能还有腌肉，这样做倒还无伤大雅，尽管事实上个人消费习惯也有很大差别。但是，如果把消费品延伸到牛奶、咖啡、啤酒、烈酒、肉类、服装、靴子、书籍、衣饰用品、家具等等，品味和需要的差别就有了决定性影响。强迫每个人以完全相同的结构，在不同支出项之间分配他的开支，变得很荒唐。而且，要每一种想得到的消费品都凭票定量配给，从来都是天方夜谭；如果某些消费品不受管制，购买力的压力就会促使生产朝这些消费品转移，尽管这些消费品可能是消费者最不想要、最不合意的。最后，如果这种方法鬼使神差地大获成功，消费被完全控制，消费者留下收入的很大一部分不能花掉，则我们只不过是以煞费苦心的、迂回曲折的、铺张浪费的方法，达到了与一开始就延迟部分收入相同的结果。

如果我们的目标是阻止消费者把一部分收入拿去消费，唯一明智的做法是从这个目标出发，通过延迟支付或征缴税收，拦住不能被花掉的那部分收入，并允许消费者自由选择可以花掉的收入如何在不同消费品中间分配。这样可以避免大量的麻烦和浪费，消费者可以享有更大的满足。例如在洛* 最近创作的漫画中，约翰·西蒙爵士被画成捉襟见肘、左右为难的样子，不知道该用腰带去勒紧"餐盒子还是钱袋子"，就表达了对这个问题的深刻见解。勒紧钱袋子是自由社会应该更偏向的选项。取消消费者的选择权，实行全面定量配给，是攻击人与人之间差异性的典型产物——正是这种差异

---

* 洛（David Low, 1891—1963），出生于新西兰的英国漫画家，第二次世界大战期间以其反法西斯、反压迫的政治连环漫画闻名于世，主要作品有《毕林普上校》，漫画集《愤怒的年代》等。——译者

性，才让现实变得丰富多彩。

构思精良的定量配给政策在目标上与此大相异趣。它的目标不是控制消费总量，而是以尽可能公平的方式，把消费移离一种消费品——是指由于某些特殊原因，供给不得不加以限制的消费品。例如，与丹麦、波罗的海国家中断贸易，必然会使腌肉的供应少于正常水平，只能代之以从美国购买，这样，就会与更重要的进口需求争夺美元资源；或者，就不可能拨出足够的船舶吨位以满足食糖的现时需要。因此，迫不得已，人们要减少腌肉或食糖的消费，而以其他东西代替——这非常不同于减少人们的总支出。如果这种消费品不是常见必需品或一种普通消费，结果是很容易达到的，只需让这种消费品（我们希望消费量受到限制的商品）的价格相对上涨。但是，如果这种消费品是必需品，价格异常上涨就不可取了，因此，这种限制消费的自然方法行之不通，定量配给就有了合理的理由。

针对价格管制及依法限制价格上涨（不考虑定量配给）而没有辅以对购买力的数量限制，第二个反对理由同样充分。因为，这样的政策会增加消费压力，促使货币收入转化为有价值资源的使用与消耗。如果当局准备用于民用消费的资源数量非常有限，限价的做法可能最终导致商店的货架上一空如洗，买不到东西的顾客排起长龙。

但是，毋庸置疑的事实是：今天，限价的做法和反对涨价的宣传，比传统的通货膨胀要流行得多。这个政策的优势显而易见。反对这个政策的理由是：它不像传统的通货膨胀，不能带来均衡，而是适得其反。我相信，如果接下来的六个月没有采取恰当的措施缩减消费者的购买力，结果更可能是商店货源短缺，而不是物价水平飞涨。无论在公众中间，还是在反对涨价的生产商、零售商中间，都有一种强烈感觉。那种过去经常导致物价飞涨的心态，现在已经被私人利益与公益精神两方面的不同观念所取代。因此，我相信，典型的物价上涨会比一些人认为的低得多。我支持这种新的看法。因为它意味着，我们可以在造成不可挽回的损害之前，用更多时间去实施真正均衡的政策。不过，这还不是真正的解决方案。商店商品短缺和顾客排起长龙，会带来巨大的分配不公、令人难以忍受的时间浪费，以及公众情绪不必要的躁动。这种做法是俄国和德国长期以来更偏好的选择（相对于传统的通货膨胀），也是我前面说过的流行选项。但是，我们发现了第三种选择，那才是真正的解决方案，可以保留个体消费者的一般利益和自由选择权。

　　我不想直接处理工资问题。我认为，间接处理可能更明智。如果没有从市场上撤出必需份额的消费者购买力，即使不出现恶性通货膨胀，也难免要有物价的大幅上涨。政府试图把一系列一般消费品的价格水平压低，早晚要付出一定规模的补贴——这样会进一步损害预算平衡。（最近财政大臣披露，这种暂时的趋势，已经让财政部每周耗费达 100 万英镑。）生活成本的大幅上升，或多或少，一定会引起要求提高工资的骚动。

　　另一方面，如果撤出购买力可以间接解决问题，又何必要从需求端迫使物价上涨，启动恶性循环的过程呢？而且，这样可能还有一些余裕，可用于部分补偿由进口成本提高引起的价格上涨，以及对处境改善有特别诉求的劳工阶层的工资上涨。但是，发生严重工资问题的主要原因已经不复存在，我们可以安全地把后续问题留给工团主义者的常识判断和公益精神——关于战争期间什么是合理的，什么不是。

然而，如果延迟支付的方案被采纳，就可以采取可明显缓解工资问题的进一步措施。因为，随着足够比例的消费者购买力撤出市场，制定周密政策，控制一定范围必需品的价格水平，可能不再会有过高的风险和代价。因此，我建议：在采纳延迟支付方案的基础上，应该划出有限范围的生活必需品，其范围明显小于劳工部生活成本指数涵盖的消费品目录；政府应尽最大努力，防止这些消费品价格指数的任何上涨（但不给出任何具体的保证）；同时，工会应同意，不再基于生活成本上涨而要求提高工资（也不给出任何具体的保证）——除非政府未能维持上述指数不上涨。这个建议对于我们的主体方案而言，并非必不可少；但是，它是我们的主体方案的进一步发展。

第九章 自愿储蓄与通货膨胀机制

前面各章提出的计划还有其他替代方案,它们同样激烈,如果付诸实施也同样有效。例如,50%的零售营业税,20%的工资税,或者如我前面指出的更重的所得税——它的影响刚好与这里建议的延迟支付一样。这些烈性方案与其他相同效果的方案之间的选择,取决于公众心理、社会公正、管理便利等方面的考虑。

然而,反对延迟支付方案的人,通常不是因为更喜欢某一种烈性方案而反对延迟支付的;而是因为他们相信,我们可以通过"正常"方法实现相关目标,例如在现行税制下严格征税,通过积极宣传以激励自愿储蓄等。

这种政策可能意味着两种情况之一。它可能意味着要重复我们在上一次战争中的政策(细节上做必要的修改),即通过大幅的通货膨胀,把税收收入和自愿储蓄提高到必要的水平。这种方法的机制,就是本章的主题。

但是,它也可能意味着一种更好的状态,即在没有通货膨胀支援下实现供给与需求的平衡——这也是它的倡导者所宣称的。

这么好的结果是否可行显然是一个程度问题。例如,如果财政支出相对于1938—1939财政年度仅仅增加10亿英镑,甚或12.5亿英镑,则我们可以合理地认为,"正常"方法即足以应付(当然,还要动用可得的资本资源)。如果支出增加在17.5亿英镑左右或者更多(以战前物价计算),则根据我们在第三、第四章给出的统计背景资料,几乎可以肯定:正常的方法将不敷应付。在这两个限度之间,存在意见上的分歧。我倾向于认为,我们用正常方法足以应付的最大支出,是支出增加约12.5亿英镑。并且我相当有把握:如果增量达到15亿英镑,正常方法将不敷应付。

然后,我们必须强调一个通常被忽略、其实至为重要的因素。我们假设,由于缺少烈性方法,我们可以依靠(比如说)5亿英镑的自愿储蓄,但是我们需要7.5亿英镑以平衡战争预算。这样,我们就得依靠某种可用的烈性方法,挖掘剩余的2.5亿英镑。这里就出现了基本的困境,也是我们必须面对而容易忽略的。一旦我们运用烈性方法,就再也得不到相同数量的自愿储蓄——只有我们把自己限于正常方法,才可以得到这个量。因为,我们通过烈性方法取得的一部分资金,一定是以从前可得的自愿储蓄为代价的。举一个简单例子,自愿储蓄的量与所得税水平有关。如果所得税提高,税收收入的增加总额其实夸大了税收与自愿储蓄合计的财力增量,因为,更多的税收不会完全来自消费减少,至少有一部分来自储蓄减少。

因此,一旦支出水平超过了正常方法可以应付的最大值,我们采取烈性方法,一定能够产生一个大于这个超额部分的收入,因为,现在从自愿储蓄得到的收入已今非昔比。正是由于这个原因,前文中我不敢信赖个人的自愿储蓄(不同于制度性储蓄、合约储蓄),但我希望能够证明,这是过度的悲观主义。

附带还有一点明显的事实需要提及:战时储蓄运动的巨大成功,并不能为自愿方法的前景给出统计上有用的指导。战时储蓄运动给出的条件,与邮政储蓄银行、股份制银行的存款利率相比,有更大的吸引力,自然会把原来放在其他地方的存款吸引过来。而且,储蓄群体的形成,常常得益于雇主为购买证券而提供的预付款——这些预付款未来将从工资收入中逐步扣除。因此,公布出来的储蓄总量包含了过去和未来的储蓄,我们不可能说出,其中有多大比例应该归于当期储蓄,即在名义总量已定的一段时间内,当期收入超过当期支出的量。

在我看来,这种常规论证足以说明,我们不太可能通过现有的正常税收方法,加上自愿储蓄,就实现最大程度的战争动员。依赖自愿储蓄的危险在于:如果我们不采取烈性方法,就容易不知不觉地滑入以通货膨胀促进自愿储蓄的境地。这就把我们带入了本章的主题。

利用自愿储蓄支付战争费用并无困难(假设有自愿储蓄)。但危险也正在于此。控制着银行与货币体系的政府,总是可以找到现金购买国内生产的商品。除了税收收入、利用外汇储备支付净进口额之外,政府支出的剩余部分,必定以自愿储蓄的形式保留在公众手中。这在算术上是确定无疑的;因为,政府拿走商品,公众从中赚到一定份额的收入,但是这份收入没有什么东西可以购买。如果物价上涨,额外进项增加了某个人的收入,但是会有与从前一样多的实际收入留下来。这个论证如此重要又如此少人理解,值得我们花一点时间详细论述。

我们假设,全国的产出价值按战前物价计算是55亿英镑,① 个

---

① 我使用与事实接近的数字。但是,我忽略了以资本消耗满足政府支出的情况,从而简化了这个例证说明。

人收入（包含转移支付）增至 60 亿英镑，税收收入是 14 亿英镑；同时假设，有 3.5 亿英镑净进口增补我们自己的产出——净进口是指超过出口的、用外汇储备或海外贷款支付的进口；还假设，政府支出按战前物价计算是 27.5 亿英镑，剔除转移支付是 22.5 亿英镑。个人在缴纳 14 亿英镑税收后，留有 46 亿英镑可供自由支配。但是，由于政府已经购买了 22.5 亿英镑的产出，只剩下 32.5 亿（55 亿-22.5 亿）英镑的商品（按战前物价计算的价值），留给公众用 46 亿英镑的收入来购买。这时，如果公众自愿储蓄 13.5 亿英镑，即 46 亿英镑公众收入和 32.5 亿英镑可得商品价值（战前物价）的全部差额，问题显然迎刃而解。将会有刚好数量的商品可用于满足需求，而不会带来任何物价上涨。

但是，如果在这种情况下，公众没有自愿储蓄 13.5 亿英镑，这种以自愿储蓄为战争筹款的办法是否就失败了呢？当然不是。在上一次战争中，我们成功利用了自愿储蓄；但是，由于物价上涨比工资更快，导致公众的储蓄意愿不足以满足上述条件。那么会发生什么情况？这个悖论如何解释？

我们假设，公众的自愿储蓄不是必需的 13.5 亿英镑，而是在第一步只有 7 亿英镑；他们试图把剩余的 39 亿英镑收入，花在按战前物价计算只值 32.5 亿英镑的商品上。显然，物价将不得不上涨 20%，以实现供求平衡；因为，这样，商品的价值将会是 39 亿（32.5 亿＋6.5 亿）英镑，刚好等于想要支出的金额。而且，卖方用成本只有 32.5 亿英镑的商品，卖了 39 亿英镑的价钱，会有 6.5 亿英镑的余额留下来，作为没有动用的额外收入，正好是政府需要的数额。

但是，我们马上可以看到，这只是暂时解决了问题。因为我们没有理由认为，全部6.5亿英镑尚未动用的意外收益，将表现为永久储蓄。一段时间后，这些收入将落到有权使用它们的人手中。但是，到下一回合，这些收入将加入到潜在可支出的收入总额中，从而我们会有52.5亿(46亿＋6.5亿)英镑的收入；但对应的商品，考虑到物价上涨20%的持续性，也只值39亿英镑。而且，如果公开市场物价已经上涨20%，要求政府控制自己购买的商品的价格，是不可能的。因此，我们很快就会发现，我们的处境与从前别无二致：公众准备支出的货币数量和可供他们购买的商品价值(按新的物价水平计算，比原来高20%)之间，存在巨大差距。为了暂时纾解，需要进一步的物价上涨；如此循环反复。

幸运的是，这不是故事第二回合的全部图景。如果是，自愿储蓄的方法就不能成功，我们就要面对物价的持续上涨，不知伊于胡底。这不是上一次战争中的事实。并且这一次也不可能发生，即使我们实施同样依靠自愿储蓄的政策。

那么，实际情况是怎么样的呢？第一轮涨价的，是以较低的战前价格水平生产出来的商品，像我们已经看到的，由此带来的收益属于这些商品的所有者。这就是说，总收入确实会增加6.5亿英镑(暂不考虑政府购买的商品价格上涨的影响)，但是，每个人的收入上涨幅度(如果有上涨的话)不会是整齐划一的。第一轮增加收入的，主要是有限的一些个人、贸易公司和工业企业，我们可以简称之为"获利者"(没有任何侮辱的意思，因为他们没有过错或者犯错的意图)。获利者肩负着很高的税率，因为一则他们要缴纳超额利润税，二则他们中间很多人会很富裕，要负担高的所得税及附加税。因此，可以说，获利者变成了财政部的收税管道。6.5亿英镑收入中，超过一半（有时是超过 3/4）会变成应纳税收入。① 而且，剩余部分有相当大比例会被自愿储蓄起来；主要不是因为相对富裕的收入者更乐意储蓄，而是因为收益主要归属于这样一些企业：它们由于种种理由，不愿意把大量利润以更高股息的方式分配给股东，更愿意代表股东把利润积蓄起来。因此，事实上，6.5 亿英镑（或更大的数字，因为政府可能为自身目的支付更高价格）中，只有很小一部分会在第二回合进入消费市场。结果，为了维持均衡，物价可能不需要再次上涨 20%，只需要 2% 或 3% 的上涨。这种情况下，适度增加对一般公众的税收，就足以抵消获利者增加的消费，避免在最初 20% 的基础上进一步抬高物价的必要性（如果它不是紧随其后到来的话）。

不幸的是，这也不是整个故事的全部；因为我们现在走到了另一个极端，滑入了严重低估现实麻烦的假设。上面我们假设，尽管物价上涨 20%，但工人仍然满足于原来的货币工资；因此，获利者在第二回合继续会有 6.5 亿英镑的收益。他们作为财政部的收税管道，收集税收的规模与之前没有进一步物价上涨的援助时是一样的。但事实上，工人会要求提高工资，并至少赢得部分胜利。因为雇主阻止工资上涨的力量，会比通常情况下小得多。由于劳动力短缺，雇主要想挽留工人，就必须同意加薪；并且，由于政府会通过税收拿走 75% 的超额利润，雇主与工人等方面分享他们的超额利润，不会给自己带来太大代价。的确，如果工资、其他货币成本都

---

① 超额利润税＋所得税是新增收入的 75%；超额利润税＋所得税＋针对 5,000 英镑收入的附加税，总计是新增收入的 83.5%。

与生活成本完全同比例上涨,我们就会像前面一样,面临没有限制的通货膨胀,每一步上涨20%——这个进程通常称为"恶性螺旋"。

但是,我们手上还有一张牌可以打。有一些成本是由法律或合约固定下来的,因此,像房东、领养老金者等有固定货币收入的阶层将无处遁逃,牺牲无可避免。工资调整等也需要时间,有时乃至需要相当长的时间——即使压力很大,迟早要做出调整。正是这些时滞及其他一些障碍因素帮了忙。战争不会永远持续下去。工资等成本会追逐物价上涨,但基于上面的假设,物价总是会领先20%。无论如何,工资上涨,人们得到上涨的工资后再花出去,总是会推动物价走在前面,同幅上涨。如果六个月后,工资等成本平均上涨10%,物价将会上涨32%(110%的120%);如果两年后,成本上涨40%,物价将会上涨68%(140%的120%)。因此,归根到底,自愿储蓄的办法会发挥作用。也就是说,货币会"自愿"增加,而不会带来无限制的物价上涨。做到这一点,唯一条件是物价应该相对于工资上涨到某个程度,足以从工人阶级等手中转移恰当数量的收入到获利者手中,进而落到财政部手中——大部分是以税收的形式,还有部分是以获利者额外自愿储蓄的形式实现。

当然,每个回合自愿储蓄的量越大,对每个人来说都会越好。如果国民储蓄运动增加了自愿储蓄的量,物价相对于工资的必然上涨幅度就会相应小一些。让我们回到算术证明上来。首先假设,可支用收入超过可得消费品供给(以战前物价计算)的总量为13.5亿英镑,其中7亿英镑为自愿储蓄。剩余6.5亿英镑,即比可得消费品供给(以战前物价计算)多20%。但是,如果国民储蓄运动成功增加自愿储蓄1亿英镑,总量由7亿英镑变成8亿英镑,那么,可支用收入的超额部分会减少到 5.5 亿英镑，即比可得消费品供给（以战前物价计算）多 17% 左右。这时，只要物价上涨比工资等成本上涨多出 17%（而非 20%），即可达成均衡。

因此，自愿储蓄的增加始终是一桩好事。自愿储蓄没有什么可反对的，除了说它不充分。就个人而言，问题是：他是愿意通过收入延迟支付，不经历通货膨胀，变得比以前富裕 2 英镑；还是愿意通过自愿储蓄，并承受通货膨胀的恶劣社会后果，而变得比以前富裕 1 英镑？对于一般个人（除非他属于营利阶层），答案当然显而易见。延迟支付的制度一定对他更有利。这就像是问他：是更喜欢一条规则严明、事故极少、没有拥堵的道路，还是一条规则自愿、事故很多、拥堵不堪的道路？

对于财政部和未来纳税人来说，答案则没有那么明显。延迟支付的制度（非常成功的自愿储蓄制度也一样），较之以通货膨胀为补充的不完全成功的自愿储蓄办法，会给我们留下（以真实价值量度的）更多的国债。因为，通货膨胀是强有力的税收归集器。但是，财政部和未来纳税人只需自问：他们是否认为，物价水平会由于通货膨胀而永远上涨下去？在通货膨胀的办法下，以货币量度的国家债务，可能比在强制储蓄的办法下要更大；因此，如果随后物价回调，通货膨胀带来的好处会被证明是一种错觉，对财政部而言也不例外。

因此，真实的情况是：为平衡政府支出（已考虑税收收入）所必需的储蓄数量，最后总是可以经由"自愿"储蓄获得。不过，是不是应该叫"自愿"储蓄，则是一个见仁见智的问题。这种方法，是把工人收入中他自己没有自愿储蓄起来的适当部分，强制转化为企业家的自愿储蓄(及税收)。"我们应该依靠自愿储蓄的办法"等于是说,"我们应该依靠通货膨胀到必要的程度"。罗伯特·金德斯利(Robert Kindersley)*爵士在他的储蓄运动中,可能正好认为:

  政府需要资金。但这是一个自由的国度。因此必须有人自愿储蓄。如果你(及你的朋友)没有这么做,在你的收入的真实价值中,会有必要的数额,通过更高物价,借助获利者之手,被强制掳走;获利者会自愿储蓄起来(指他没有用于义务纳税的部分)。这样,我们将避免任何违背自愿的方法——对于我们国家来说,违背自愿让人无法接受。

  以上想法作为对自由信念的辩护,可能尚有歧义;但作为支持工人增加储蓄的论证,本应是合理而令人信服的——如果不是因为存在这样一个问题:一个人增加储蓄,如果其他人没有紧随其后,由于通货膨胀的影响,他并不能更好地维护自身利益;就像一个人遵守交通规则而其他人熟视无睹时,他不能保护自己免于事故一样。这时,我们就有很好的机会采取社会化行动,通过制定全体行为的一定规则,保护每一个人。

  以上关于通货膨胀如何起作用的分析是基础的,也相当简单。但是,并不是每个人都能理解,因为它是比较新颖的(这可能有些出乎意料)。经济学家只是到了最近 25 年,才理解这一点(尽管这种情况比和平时期发生的情况要简单得多——和平时期,我们必须

---

  * 英国银行家,曾任英格兰银行董事,拉扎德投资银行合伙人。——译者

考虑就业波动的影响，而不是一个确定的最大产出）；也就是说，现在供职于政府部门的经济学家掌握了这些道理。上一次战争期间，我在财政部任职，当时我从来没有听到从这些角度讨论我们的财政问题。

因此，如果我们回过头去，按照这个分析，重新考虑那种情况下会发生什么，将是很有趣的。

7月	货币工资：脚注中提及的工人的大体指数①	生活成本		根据以下指数得到的真实工资	
		劳动公报指数	修正后的指数②	劳动公报指数	修正后的指数
1914	100	100	100	100	100
1915	105—110	125	(120)	84—88	87—92
1916	115—120	145	(135)	79—83	85—89
1917	135—140	180	(160)	75—88	84—88
1918	175—180	205	180	85—88	79—100

因此，生活成本的《劳动公报》指数一年上涨25%，修正后的指数（编制于1918年）一年上涨20%，真实情况可能在两者之间；到战争结束时，货币价值大约减半。与此相反，货币工资在战争的前半期，平均每年大约上涨10个百分点；在后半期，平均每年大约上涨30个百分点。最终结果是，开战后的前三年，到1917年7月，工资购买力大约比战前下降了15%。战争最后一年半期间，工资购

---

① 包括砌砖工、泥水匠、排字工人、铁路工人、码头工人、棉花工人、羊毛和毛纺织工人、工程技工、工程劳工、造船厂的铁甲工、煤矿工人、英格兰和威尔士的农业工人。

② 修正后的指数是基于1918年萨姆纳委员会的调查结果。它与官方指数的主要区别在于衣服、食糖、黄油、人造黄油等方面。当市场上无法获得战前品质的商品时，萨姆纳指数考虑了替代品；官方指数不这么做。

买力出现了相当大的恢复——这之所以可能，是因为美国参战带来的财政压力缓和。但是，它的程度很难准确计算，因为存在统计欺骗性——这种欺骗性来自统计方法的改变，来自引入严格的定量配给和限价后出现的消费转移等。

以上分析告诉我们如何解释这些结果。可支用的收入总额（它的增长比之更好职业、加班加点等带来的工资增长更快）相对于消费品供给增长15%（起初比这小，后来越来越大），体现为物价相对于工资上涨了15%。这种生活成本上涨，激起了工资的相应上涨，不过有一个滞后期，差不多正好一年，并被物价进一步相同幅度的上涨所抵消。每一年的工资上涨，差不多恰好赶上前一年的物价上涨。因此，这个滞后期的长度刚好足以防止灾难的发生。如果物价指数必须保持比工资指数高15%，如果工资在第一年上涨15%的一半，而后滞后一年追随物价上涨；那么，经过四年的战争，我们可以控制物价上涨略低于翻番。这个简单法则非常符合下表显示的事实。

	理论上的指数		实际指数[①]	
	物价	工资	物价	工资
1914	100	100	100	100
1915	122.5	107.5	122.5	107.5
1916	141	122.5	140	117.5
1917	161	141	170	137.5
1918	185.5	161	192.5	177.5

但是，工资与物价这么相互追逐着上涨，是多么可笑的办法啊！除了"获利者"，没有人受益。多少后续麻烦，因此埋下祸根。

[①] 两个估计的平均。

最终，以货币计量的国家债务大大超过了必要的规模，并在整个社会非常病态地分布。将这种情况与延迟支付的制度做一个比较：平均征缴15%，会使货币工资与生活成本之间保持跟从前一样的关系；从而，前者追逐后者上涨的压力会消失。工人阶级的真实消费会保持于一个与通货膨胀办法下正好相同的总量。如果在旧有工资水平上，由于更充分就业和加班，平均收入比以前提高了15%（事实上大体就是这样），工人阶级的消费标准会保持战前水平，除了需要完成更困难的工作外，并无其他牺牲。更困难的工作也会有回报——工人成为了很大比例的国家债务的所有者。因为到战争结束时，国家债务的货币总额会压缩超过20亿英镑（采用极保守的数据），其中超过5亿英镑不属于获利者，而是属于工薪阶层。反过来，也就是说，上一次战争中，由于依靠自愿储蓄的方法，有大约25亿英镑落入了企业家阶级的腰包。

上一次战争中，我们创造了维持工人阶级消费总量处于或接近战前水平的奇迹——真实工资下降被新增的就业与劳动时间抵消了。我还不能确信：这一次我们能不能实现同样的结果。在战争的全部经济需求都披露出来之前，谁也不能下定论。但是，如果现行工资水平下的总收入增长是因为加班加点与充分就业，那么，足以抵消更高物价的基本工资水平上涨，会给我们的国民经济布置下不可能完成的任务：把消费提高到战前水平之上。我们没办法以这种方式回报工人，这样做，只会启动通货膨胀的过程。但是，我们可以给工人一份未来的债权作为回报——这份债权如不给工人，就会归于企业家。

第十章　法国采取的办法

有必要指出：这本小册子给出的建议，比起另外两个交战国（无论敌国还是盟国）采取的措施，是非常温和的（并可以充分证明，也比我们能够承受的要温和得多）。

据传言，德国采取了延迟支付的制度，与上面说的有表面上的相似性。但是，如果报告无误，这项措施会是在已经采取其他措施的基础上实施的，其他措施又远比这里建议的任何措施更激烈——完全固定的工资、工时和物价，定量配给的综合办法配以商店缺货和各式禁令，一系列的工资克扣等，更不用说任何延迟支付的制度——这些加起来，总量比前面建议的对低收入群体实施延迟支付的规模，要大好多倍。我希望我能够给出更准确、定量的细节，但我猜测，如果我们在英国对一般消费施行与德国一样严厉的控制，将可以增强足足50%的战争实力，甚至更多。因此，我们应该自甘风险，拒绝前面所说的种种措施，至少不能这么大规模地施行。

由于德国的办法完全是我们要规避的，即使只当作临时性措施，不影响最终的胜利，也避之唯恐不及；因此，相对更有可能的，是沿用法国已经采取的措施。由于一些原因（不完全归咎于审查制度），好像有一层面纱把我们与法国发生的事情隔离开来，几乎比把我们与敌人隔离开来的面纱还要厚一些。我认为，英国公众几乎完全不清楚，法国对工资与劳动条件的控制有多么深远。

通过一系列官方法令（最终是1939年11月16日的法令），法国形成了对工资与劳动条件的官方完全控制，在军需产业更严格，其他领域较宽松一些。在非军需产业，工资必须保持战前的水平，没有劳工部的批准，不得通过集体协议或其他方式发生变化。在军需产业，工资由劳工部和军需部（或其他服务部门）共同确定；雇主不得超过规定的最高额（通常是战前水平）支付工资；雇员未经允许不得离开现在的岗位，当局则可以随意加以调遣。因此，任何工资上涨的趋势，都被依法遏制在摇篮中。

除此之外，法国还成立了所谓国家团结基金，用于应付战争引起的民用领域的特别支出，包括由官方缩减生活成本的措施所造成的损失。为了充实这个基金，要征收超额利润税和一般工资税。工资税包含以下几部分：

（1）有义务服兵役，但是因为留在工作岗位上而被豁免的人，他们工资的15%。

（2）上述这些人及所有其他工人，每周第40—第45个小时工作的全部收入，以及每周超过45个小时工作所得收入的1/3。（在现在每周工作时间达50小时乃至更长的很多情况下，差不多还要15%。）

这样，就有严厉的措施将生活成本维持在战前水平；但迄今为止，定量配给的措施都弃之不用。关于这些措施在实践中如何操作，是否涉及法国财政部对进口商品、农业产品提供高昂补贴等，细节上我并不掌握。

以上描述是不完整的，并且时过境迁，最新情况可能不是这样。

我希望，我说出来，能激发法国人向我们提供关于法国后方的更完整的描述，胜过我目前已经找到的。

达拉第(E. Daladier)*先生在1940年1月末对法国国民发表的广播讲话中，向民众推荐了这些严厉措施，敦促他们接纳。他说：

> 当我们的子弟开赴前线的时候，他们接受了生命中的大转折。留在后方、不必承负同样苦难与危险的人们，一定也要接受生活的改变。我们必须牺牲个人的利益，放弃一些商品。尤其是，我们要竭精聚力，为生于斯长于斯的法国社会服务。隐瞒"德国的物质力量是全世界最强大的力量之一"这个事实是徒劳的，甚至是罪恶的。危如累卵的不仅仅是国家存亡，还有我们的全部生活信念……今天是面对法国的后方，我希望说出这些。我希望坦率乃至残忍地说……要点一言以蔽之：国内的民众要通过劳作、克己和磨炼，让自己能够得到前线战士的尊重。

最后，他总结了德国的宣传攻势——听起来像撒旦：

> 它对富人说："你将失去你的钱财。"它对工人说："这是富人的战争。"它对知识分子和艺术家说："所有你热爱的，都面临灭顶之灾。"它对热爱这个世界的人说："不待旬月，你将不

---

* 爱德华·达拉第(1884—1970)，法国政治家，激进社会党领袖，曾三度(1933，1934，1938—1940)出任法国总理。原文此处为 M. Daladier，其中"M."是 Monsieur 的缩写，是法语"先生"之意，非名字缩写。——译者

得不承受痛苦的钳制。"它对信徒说:"你的信仰如何能够接受这般摧残?"最后,它对投机商人说:"像你这样的人,可以在家国不幸中做点事情。"

现在,可以用战时国家领导人的这些意味深远的话,来结束这本小册子——虽然这本小册子做了细致的人道主义论证,提出了前面数页温和的建议,听起来卑微而软弱。

附录一　国民收入

目前关于国民收入的种种估计之间的差异，首先要归因于对于"国民收入"这个概念之含义的不同观点，严格的统计差别尚在其次——尽管很多基础的统计估计可能是靠不住的。以下记录接受了克拉克先生的统计，但是没有接受他的国民总收入的概念。这里不准备探究这些统计资料如何而来，或者对其做出品评。给出的实际数字，是1938年4月1日至1939年3月31日财政年度的数字，按当年物价计算，由罗斯巴斯先生对克拉克先生的统计做更新调整得到。

这里有两个基本概念，可作一般性使用。第一个是以货币成本度量的当期总产出，已经在前文中给出，即

	百万英镑
私人消费的现值，不含间接税收，但是包含当期折旧的成本	3,710
在建筑、工厂、交通、存货等方面的新投资净额的当期成本，即当期资本支出超过当期资本折旧所需的部分	290
政府运行的当期成本，不含对养老金领取者、国债持有者等的"转移"支付——这些支出已经包含在前项中	850
	4,850

我建议称之为国民产出。

第二个概念是应纳税收入的概念，即个人（包括慈善机构、私

人机构与公司）收入的总和。它不同于第一个概念的是：包含了 5 亿英镑的"转移"收入，不包含来自贸易收益的 5,000 万英镑政府非税收入。因此，它的金额是 53 亿（48.5 亿＋ 5 亿－ 0.5 亿）英镑。也可以分解为以下构成：

	百万英镑
以市场价格计算的私人消费（由 6.7 亿英镑的间接税收和上述 37.1 亿英镑包含当期折旧的私人消费现值构成）	4,380
私人储蓄（由上述 2.9 亿英镑的新投资和 0.8 亿英镑的政府借款构成——后者是用于弥补政府运行成本超过税收与贸易收益的部分）	370
直接税收	550
	5,300[①]

可能应该增补一组主要因素，由此可以构成各种收入的概念。

（中央和地方）政府收入与支出

	百万英镑
政府收入：直接税收	550
间接税收	460
地方税	210
政府贸易收益	50
向公众借款（净值）	80
	1,350
政府支出：转移支付	500
政府服务支出	850
	1,350

上述政府支出，不包含政府在新房、道路等方面的投资支出（约

---

① 我发表在《经济学杂志》上的数字 57 亿英镑和这个数字 53 亿英镑之间可做如下调和：折旧在克拉克先生的数字中出现了两次，因此扣减 3.8 亿英镑（总的当期折旧 4.2 亿英镑，减去 0.4 亿英镑没有出现两次的政府的道路维护费），0.5 亿英镑政府贸易收益原来被纳入私人收入中，0.3 亿英镑属于政府赤字的修订估计。这些数字背后的逻辑困难，我将在 1940 年 3 月期的《经济学杂志》中详细讨论。

0.5亿—1亿英镑），因为这部分已经包含在投资估计中（投资估计以生产普查为基础，必然要包括所有投资，不管是政府的，还是私人部门的）。为了平衡这一点，上面政府向公众借款的数字，相应减少下面政府借款的实际数字，只是代表弥补当期净赤字（不包含上述投资支出）所需要的部分。

431

私人收入与支出

	百万英镑
私人收入：	
来自当期产出的工资和利润	4,800
转移收入	500
	5,300
私人支出：	
按照市场价格计算的消费	4,380
储蓄	370
直接税	550
	5,300

国民产出

私人和政府消费（不含弥补损耗与折旧的部分）	4,140
弥补损耗与折旧	420
新的投资	290
	4,850
来自上面的私人工资和利润	4,800
政府收益	50
	4,850

总投资

新的净投资	290
弥补损耗与折旧	420
	710

储蓄

新的净投资	290
政府赤字	80
	370

私人收入的分配

年收入低于250英镑的个人	2,910
年收入高于250英镑的个人	2,340
慈善机构	50
	5,300

公司的未分配收入等包含在公司所有者个人的收入中。

年收入低于 250 英镑的个人的收入	百万英镑
工资和薪金	2,390
自雇工人、雇员和未就业工人的收入	240
转移收入	280
	2,910
年收入低于 250 英镑的个人的支出	
消费的价值①	2,420
地方税与中央税	390
储蓄	100
	2,910
年收入高于 250 英镑的个人的收入	
薪金和利润	2,170
转移收入	220
	2,390
年收入高于 250 英镑的个人的支出	
消费的价值②	1,290
地方税与中央税	830
储蓄	270
	2,390

上述数字可见于《经济学杂志》1939 年 12 月，第 638 页。

---

① 弥补损耗的成本（它遍布于私人消费和政府服务支出）计为 8.5%，包含在上述数值中。

② 见上一脚注。

附录二　我们的海外资源

我们的战争实力（就其本身而论，更是与敌人比较而言）的一个重要来源是，利用我们在战前以黄金和海外投资的形式积累起来的资源为贸易逆差提供融资的能力。

1939年3月31日，英格兰银行和外汇平衡账户的黄金资源总计7,995万盎司，按目前的黄金价格（每盎司168先令）计算，值67,160万英镑。从那时起到9月1日，由于外汇从伦敦被提取，黄金资源大量减少，但9月1日的数字没有公布。而美国的联邦储备委员会已经公布了战争前夕（1939年8月底）各交战国的黄金资源估计数，据此，英国黄金持有量此时已经下降到大约5亿英镑。这个数字必须与法国、加拿大等国的类似估计联系起来看——8月末法国的黄金持有量估计为7.5亿英镑，加拿大为0.54亿英镑。这里没有考虑英帝国其他成员国的黄金储备，也没有考虑新开采黄金的年产量——在英帝国之内，估计有1.87亿英镑。

当局估计，同期英国的美元储备将近1.5亿英镑，法国将近0.8亿英镑，加拿大将近0.9亿英镑。其他英国海外资源储备没有可得的估计。

罗伯特·金德斯利爵士估计，1938年年底，英国海外投资的名义总资本将近37亿英镑，但其中只有一部分是容易变现的。这个总量中,大约 30 亿英镑由英镑贷款和在大英帝国注册的公司股份构成,大部分不能变现。不过,这些持有量中有相当一部分每年会正常产生 0.4 亿—0.5 亿英镑的收益;一些大额贷款在目前环境下可以被安排偿还的(一笔重要的加拿大贷款已经照此处理即是明证),也包含在这个总额之中。因此,我们也许可以把三年内可变现的总数,估计为不少于 2.5 亿英镑。

根据罗伯特·金德斯利爵士的估计,英国持有海外注册公司的股份将近 7 亿英镑,可以认为有更强的流动性。美国联邦储备委员会估计,战争爆发时,英国持有美国的容易变现的证券大约为 1.85 亿英镑,必要时可以加上另外 2.25 亿英镑的证券,包括英国在美国直接拥有的财产。有趣的是,根据美国的报告,上述可变现的证券中,大约 10%(即 0.18 亿英镑)实际上在开战头两个月即已清偿。

上述金额还必须允许有一部分抵消,因为战争一打响,外国人随即撤走了在大英帝国的一些资产。现行的交易限制对英国国民是有效的,但是出于奇怪的疏忽(除非是为了伦敦能够在战后保持国际金融中心的地位而有意为之),它对外国人撤走资产却没有效果。对此我不予重点考虑,部分因为目前(这些交易借以实现的)自由汇兑的水平没有表明这种撤走所带来的任何严重压力;又有部分因为,如果这种压力加大,我们就不能认为,伦敦金融界的战后利益会比当前夺取战争胜利的任务更优先。有可能,战争爆发时仍滞留在伦敦的显性外汇结余和其他资产,严格说来已不是自由资产,但是,又一定可用于偿付各式各样的英镑债务,或适用于通行的商务目的。

我想,确实,当我们考虑英国的国际收支(不同于英帝国或英镑区的国际收支）时，非但不需要重点考虑外国人撤离资产的问题，还可以根据滞留在伦敦的英帝国及其他海外资产每年可观的增值，做出有把握的测算。上一次战争中，即使在至暗时刻，这种增值也扮演了重要的角色，在战争结束时达到了巨大数额。我猜测，这个来源的年收益不会少于 1 亿英镑，还可能多得多。

为了得到可用海外资源的最终估计，把上面所有数字加总起来是不够谨慎的，因为它们有相当大的误差。然而，各方面综合考虑，我认为我们可以把我国的相对流动性资产总额定为至少 10 亿英镑左右，同时考虑到逐渐增加对海外债权人的债务，我们可以在三年以上时间内，每年为大约 3.5 亿英镑的国际收支逆差提供资金。

我们的黄金与美元资源总量明显比 1914 年多（见下表），尽管美元证券少了很多；流动性无限增强，因为现在主要是黄金资源。法国持有的黄金与美元资源将近是 1914 年的 2 倍，加拿大大约是 10 倍。把英国、法国、加拿大合在一起，黄金与美元资源将近是 1914 年的 2 倍。而德国的类似资源，在 1914 年是我们的将近一半，今天不到我们的 1/25，不到整个同盟国的 1/50。而且，我们欠同盟国的债务，在上一次战争中，于美国参战之前，曾是我们莫大的金融压力，今天相比之下微不足道。由于今天所有货币投入的规模都比 25 年前要大很多，由于一定要有打持久战的显著能力，因此，最重要的是，在海外资源的使用上要非常节省，在通过出口增加海外资源上要倍加努力。然而，方方面面综合考虑，我不认为我们一开始的财政维持能力比 1914 年更差。英法两国应对持续贸易逆差的能力，加总起来看是巨大的；而敌方没有海外资源，只有债务。

美国联邦储备委员会的估计(1939年8月末)

	中央黄金储备	美元余额	可方便出售的美国证券	在美国的直接及其他投资	年度黄金产量(1938)
	(百万英镑,1英镑折合4美元)				
英国	500	149	184	225	—
法国	750	79	46	20	—
加拿大	54	89	125	140	41
其他英法联邦国家	135	—	—	—	146
合计	1,439	317	355	385	187

1914年与1939年黄金、美元资源之比较

年份	黄金与美元资源总量 1939	1914	中央黄金储备 1914	中央储备以外的货币黄金 1914	美元储备 1914[①]
	(近似数字,百万美元)[②]				
英国	4,230	3,365	165	600	2,600
法国	3,580	2,045	680	965	400
加拿大	1,630	115[③]	115	—	?
合计	9,440	5,525	960	1,565	3,000
德国	160	1,505	330	475	700

① 估计见于《经济统计评论》第1期,第230页。更高的估计由派斯(G. Paish)爵士于1910年提供给美国国家货币委员会。但以上数据考虑了更近期的信息,更加可靠。

② 见美国联邦储备公报。

③ 只算黄金。

附录三 家庭补贴的成本

我国大约有 1,000 万年龄在 15 岁以下的儿童。每周每名儿童补贴 5 先令,即一年补贴 13 英镑,总成本是 1.3 亿英镑。更精确的估计是 1.32 亿英镑。不过,这里有一些重要的抵消因素:

(1)上述成本中有大约 0.2 亿英镑涉及所得税纳税人的子女。上面已经假设:粗略近似地看,现行的所得税减免补贴与将要取而代之的新的补贴大小不相上下;因此,没有在原有基础上带来另外的成本。

(2)就目前的家庭补贴而言,1937 年应该有以下储蓄:

普通养老金	2,500,000
失业救济金	2,750,000
失业援助	8,500,000
合计	13,750,000

(3)就失业家庭的子女而言,1940 年储蓄可能少于 1937 年的水平。另一方面,关于疏散儿童的费用和军属的津贴,另有战时储蓄可资使用。

因此,综合各方面考虑,1 亿英镑的净成本应该就足够了。

如果补贴只发放给第二个及以上的子女,成本会减少一半还不止,可以安全估计不超过 5,000 万英镑。如果对第二个及以上子女发放 3 先令(不是 5 先令)补贴,则成本低于 3,000 万英镑,更精确地说是 2,700 万英镑。如果补贴仅限于第三个及以上子女，成本会再减少一半以上，结果是大约 2,000 万英镑（指每人发放 5 先令）；如果限于第四个及以上子女，还会再减半，大约只需 900 万英镑。

附录四　延迟支付与直接税收合计的公式

前面第六章的结果,来自以下公式。年收入750英镑以下的人,收入超过基本最低额的部分,35%要纳税(未婚男性的最低额是每周35先令,已婚男性的最低额是每周45先令)。当然,税率远不是统一的,因为固定补贴对低收入群体的影响相对要大得多,如第六章表格所示,在这个方案中,收入中需要扣缴的比例逐步上升,周收入50先令的为3.5%,年收入700英镑的为29%。对于高收入群体,收入超过基本最低额部分的扣缴比例上升情况如下:

	收入超过基本最低额部分的扣缴比例
750— 2,000 英镑	40
2,001— 3,000 英镑	45
3,001— 5,000 英镑	55
5,001—10,000 英镑	65
10,001—15,000 英镑	70
15,001—20,000 英镑	75
20,001—50,000 英镑	80
50,000 英镑以上	85

以上并不是想要详细阐述补贴制度,就像阐述所得税一样。特别是,我没有区分劳动所得的收入和非劳动所得的收入。如果做此

区分，一些在所得税方面被特别关照的人，比那些没有被特别关照的人，会有更大比例的劳动所得收入被延迟支付。在详细方案中，很容易处理这些次要的异常现象；但是，如果我试图在这里处理所有这些问题，只会混淆主次，胡子眉毛一把抓。对已婚男性的补贴可能是不充分的。引入更多步骤，进行更细致的分级，应是明智的，可以避免突然的跳跃。在一个人的收入大幅下降到低于战前水平的情况下，当然值得加一个条款——类似于最新财政法案中的条款——以求起到缓解的作用。

致　　谢

上面提出的计划的内容,最初是发表于《泰晤士报》1939年11月14日和15日的两篇文章;而后第三篇回应批评的文章,发表于11月28日;再是12月1日的一封信。后面增补的一篇文章,给出了统计背景,发表于《经济学杂志》1939年12月期第626页。

统计方面,我一直得到剑桥大学统计系罗斯巴斯先生的帮助;特别是在总收入在各收入群体之间的分配这一问题上,他的估计是非常可靠的。

家庭补贴的成本,是基于家庭养老社团提供的数据。家庭补贴已经得到很多人士的提倡,特别是埃默里(Amery)先生、埃莉诺·罗斯本(Eleanor Rathbone)小姐、哈巴克(Hubback)夫人等。

以战后的资本征税偿还延迟支付的建议,是哈耶克(von Hayek)教授在发表于1939年11月24日《旁观者》杂志的一篇文章中首次提出的。

在低价水平上维持"刚性配给"的建议,是亚瑟·索尔特(Arthur Salter)爵士最先告诉我的。布兰德(R. H. Brand)先生在《泰晤士报》上也做此主张;更详细的,可参见希克斯教授与夫人发表在《曼彻斯特卫报》上的文章。

此外,还要感谢很多评论者和通信者。

索 引 *

（页码为原书页码，请参照本书边码）

通向繁荣的途径

Balance of trade	外汇结存 349n**
Bank of France, gold reserves of	法兰西银行，黄金储备 363
Bank credit, and world economic recovery	银行信贷，与世界经济复苏 353, 357
Budget, problems of,	预算，预算问题
Faults, of budgetary procedure	预算编制程序的失误 347
Building industry	建筑行业 354
unemployment in	建筑行业的失业 336
Capital expenditure, effects on employment	资本支出，对就业的效应 339—342, 344—350
Central banks, and gold reserves	中央银行，与黄金储备 353, 356—357, 359—360, 363—364
Cunarder (S.S. Queen Mary), proposed government loan for	丘纳德邮轮（玛丽皇后号），由建议的政府贷款支持建造 348
Currency depreciation, in Great Britain	货币贬值，英国的货币贬值 352

---

* 摘译自 2010 年版《劝说集》索引的相应部分，略有增删。——译者

** n 代表脚注，下同。——译者

Devaluation and the problem of world prices	货币贬值与全球物价问题 364
Dole, the	失业救济金 342—343, 345, 348, 366n
cost of a man on	供养一个领取失业救济金的人的成本 346 及 346n
Economic Journal	《经济学杂志》340
Economics, current ideas on, applicable only to a society in equilibrium	经济学，目前的观念，只适用于均衡的社会 350
Employment	就业
indirect, from public works	公共工程带来的间接就业 339—341
and balancing the budget	就业与预算平衡 347—348
Exchange rates, restrictions on	汇率，外汇管制 352, 361
Exchanges, foreign	外汇
tension of	外汇储备紧张 356—357
and gold-note plan	外汇与黄金兑换券发行方案 361—363
Federal Reserve System	美联储 363—364
Foreign balances, and unemployment	外汇结存，与失业 349n, 351—352, 361, 364—366
Gold reserves	黄金储备 353, 358
world distribution of	黄金储备的世界分配 363
proposals for ensuring elasticity of	保障黄金储备弹性的建议 358—360, 363—364
Gold-bonds	黄金债券 358—359
Gold notes, proposal for an international money	黄金兑换券，国际货币的建议 358—359, 361—362
Gold Standard	金本位
a barbarous relic	野蛮人的遗迹 362
and The International Note Issue	金本位与国际黄金兑换券发行 360—364
Government, manoeuvres of, to restore financial confidence	政府，提振金融市场信心的策略 353—354

Government expenditure, and unemployment	政府支出，与失业 354—355
Housing	住房建设 348
Imports, policy of restricting	进口，进口限制政策 352
India, gold hoards in	印度，黄金窖藏 353
Interest, long-term rate of	利率，长期利率 353—354
International gold-notes proposed	国际黄金兑换券发行的建议 358—359, 360—364
International money, and bank reserves	国际货币，与银行储备 353, 357—359, 366
Kahn, R. F.	卡恩 340
Labour Government	工党政府 352, 365
leakage	漏损 340
Loan expenditure	贷款支出
relief to budget from	减轻预算压力 346—350
as means of increasing spending power	作为增加支出能力的手段 351—355
should be world-wide	全球的贷款支出 355—356, 360—361, 364
cure for unemployment	解决失业问题 364—366
Multiplier, the	乘数 341—345, 346n
article on (1933)	关于乘数的文章（1933）335
'National' government	联合内阁政府 352, 365
National income, decline in (1933)	国民收入，国民收入减少（1933）346, 347
New Statesman and Nation	《新政治家与国家》335
Ottawa Conference	渥太华会议 350
Parity, qualified return to	平价，有限恢复平价 362
Prices	物价
proposed policy to raise prices (1933)	提高物价的政策建议（1933）350—355
Primary expenditure	初始支出 341—345, 349, 364—365

Prosperity, problem of	繁荣,繁荣的问题 335—336
Public debts abroad, defaults on	海外持有的公债,违约 361
Public utilities	公共设施 354
Public works, as remedy for unemployment	公共工程,作为解决失业问题的办法 351
Quotas	贸易配额 352, 361
Recession, in United States and Britain	经济衰退,美国与英国的经济衰退 349
Reparations	赔款 357
Restriction of output, no remedy for depression	产量限制,不能解决萧条问题 350—351
Road Fund	收费公路 348
Saving and spending	储蓄与支出 343, 351
Silver-using countries	使用银币的国家 358
Sinking fund	偿债基金 348, 365
Slump	衰退
International, of 1931	1931 年国际经济衰退 352
Spending power	支出能力(消费能力)
increase in, only safe way to increase prices	增加支出能力,提高物价的唯一安全方法 351, 357
Tariffs	关税 352, 361
Taxation, and balancing the budget	税收,与预算平衡 338, 346—349
The Times	《泰晤士报》335, 348
Transport system	交通系统 354
Unemployment	失业
paradox of	失业的悖论 336
loan-expenditure as solution for	贷款支出解决失业问题 346—350, 364—366
United States	美国
loan-expenditure, policy of	美国的贷款支出政策 352, 354
slump in (1930-1)	美国经济衰退(1930—1931)366 及 366n

Velocity of circulation of money	货币流通速度 340
War debts	战争债务 357
War loans	战争贷款 354
World Economic Conference (1933)	世界经济会议(1933)338, 355—359, 366
World prices	全球物价 352, 355, 356, 364, 366

如何筹措战争费用

Amery, L. S.	埃默里，L. S. 439
Anti-Profiteering Act	反暴利法 370
Bacon	腌肉 410
Balance of trade	外贸平衡 372
Bank of England, its gold resources	英格兰银行，黄金资源 432
Brand, R. H.	布兰德，R. H. 395, 439
Canada	加拿大 432—433
gold reserves in	黄金储备 434—435
Capital levy, to extinguish war debts	资本税，清偿战争债务 368, 379, 406—408
Capital tax	资本税 407
Chancellor of the Exchequer, see Simon, Sir John	财政大臣，见约翰·西蒙爵士
Children's allowances for tax relief	税收减免形式的儿童补贴(儿童免税额)398n, 436
an anomalous system	一种不协调的制度 399—400
Clark, Colin, *National Income and Outlay*	克拉克，科林，《国民收入与支出》381, 429, 430n
Compulsory Savings, plan for, in time of war	战时强制储蓄计划 367—372, 379
Compared to 'rule of the road'	与交通规则的比较 380—381
Consumers' choice, and rationing	消费者选择，与定量配给 409—410

Cost of living, control of, by rationing and price-fixing	利用定量配给和价格限定控制生活成本 409
Daladier, M.	达拉第先生 427
Deferment of income, plan for	收入延期计划 380，388，393—394，396—397，410—413，421，424—425
scales proposed	提议的规模 398—402，437—438
method of collection	征收的方法 402—403
depository for deferred pay	延迟支付的储存 403—404
repayment of	偿还 404—408
Denmark	丹麦 410
Drapier's First Letter	布商的第一封信 367
Economic consequences of war	战争的经济后果 375
Economic Journal	《经济学杂志》397，430n，432，438
Economists, and inflation	经济学家，与通货膨胀 422
Equilibrium, between spending-power and consumption goods	消费能力与消费商品之间的平衡 368
Excess Profits Tax	超额利润税 370，392，408，418 及 418n
Exchange Equalisation Account	外汇平衡账户 432
Family allowances, proposal for	家庭补贴的建议 368，379—380，394—398，399—401，403
cost of	家庭补贴的成本 436—437
Family Endowment Society	家庭养老社团 439
Foreign investment, British, strength of (1939)	英国的海外投资实力（1939）432—436
France	法国
economic controls in (1939)	经济管制（1939）426—428
gold reserves in	黄金储备 432，434—435
Full employment	充分就业 384—385
Germany	德国
measures to pay for war	为战争筹资的措施 426

gold reserves in	黄金储备 434—435
Gold, Britain's resources	英国黄金资源 432，434—435
Hayek, Professor F. von	哈耶克教授 439
Health Insurance and Pension Funds	医疗保险与养老基金 388
Hicks, Professor J. R.	希克斯教授 395，439
Hicks, Mrs U.	希克斯夫人 395，439
Hubback, Eva	哈巴克，伊娃 439
Incomes, social distribution of	社会的收入分配 394
Income tax, and voluntary savings	所得税与自愿储蓄 415
Inflation	通货膨胀
Nature's remedy	自然的补救办法 372
not the best way to finance war	不是战争筹款的最佳方法 392—393
nor the popular way	也不是流行的做法 411
mechanism of	通货膨胀的机制 413—425
a mighty tax-gatherer	强有力的税收归集器 421
Keynes, J. M.	凯恩斯，J. M.
at the Treasury	在财政部任职 422
Kindersley, Sir Robert	罗伯特·金德斯利爵士 422，433
Labour Gazette	《劳动公报》423
Loan expenditure, cure for unemployment	为解决失业的贷款支出 406
London	伦敦 433—434
Low, David, cartoons	洛，戴维，漫画 410
Manchester Guardian	《曼彻斯特卫报》439
National debt	国家债务 376，379，405—406，421，424—425
National income	国民收入 429—432
and output capacity	与生产能力 381—386
distribution of	国民收入分配 387—390
National Savings Movement	国民储蓄运动 420—421
Output capacity	生产能力 381—483，385
national output	国民产出 429，431

Paish, Sir G.	G. 派斯爵士 435n
Price-fixing, as war measure	价格限定，作为战争措施 409, 411—413
Profiteers	获利者 418—420, 424—425
Public opinion	民意 393
Rathbone, Eleanor	罗斯本，埃莉诺 439
Rationing	定量配给
objections to	反对定量配给 409
a correct policy for	定量配给的正确政策 411—412
Rations, cheap, of necessaries	必需品的廉价配给 368, 380, 395—396, 439
Retail sales tax	零售营业税 413
Review of Economic Statistics	《经济统计评论》435n
Rich, the, cannot bear total cost of war	富人不能承担全部战争费用 386—391
Rothbarth, E.	罗斯巴斯 381, 429, 438
Salter, Sir Arthur	亚瑟·索尔特爵士 395, 439
Saving and spending, in time of war	战时储蓄与支出 378—379
Scarcity, era of	匮乏年代
war a return to	战争回到匮乏年代 384—385
Shortages, in war	战时短缺 411—412
how to deal with	如何处理战时短缺 370—372
Simon, sir John, Chancellor of the Exchequer (1937-40)	约翰·西蒙爵士，财政大臣（1937—1940）368, 383, 392, 410, 412
Slump, post-war slump	衰退，战后衰退 405—406
Social justice, and distribution of sacrifice in war-time	社会公正，与战争责任的分配 377, 390, 394
Spectator, The	《旁观者》439
Spending power, Limitation of, in war-time	战时消费能力的限制 378, 384, 391, 396, 407, 410, 412
Statistics, inadequate government provision of	统计，政府准备不充分 381
Sugar	食糖 410
Sumner Committee, 1918	萨姆纳委员会（1918）423n

Taxable income	应纳税收入 429
Taxation, to finance war	税收，为战争筹资 413—419
The Times	《泰晤士报》367, 380, 394, 397, 399, 438, 439
Totalitarian and free societies	极权主义和自由社会 377
Trade Unions, and paying for the war	工会，与筹措战争费用 376, 393, 395—396
Trade Unionists	工团主义者 412
Treasury bills	短期国债 407
Unemployment, statistical	统计失业人口 384
Unemployment Fund	失业基金 388
'Veteran's bonus'	"老兵津贴" 408
Vicious spiral, the	恶性螺旋 419
Voluntary savings	自愿储蓄 388—389, 404
limitations of, in wartime	战时自愿储蓄的局限性 378—379, 392
and the mechanism of inflation	与通货膨胀机制 413—425
Wages, real, and reduction of money wages	真实工资，与货币工资的转换 423
Wages and prices, in time of war	战时工资与物价 412, 419—420, 423—424
Wages, index of	工资指数 423
War Savings	战时储蓄（运动）415
War, financing of	战争筹资
redistribution of income through	由为战争筹资导致的收入再分配 399, 407
taxes for	为战争筹资而征税 391—392, 394, 397, 413—419
argument against voluntary savings for	针对以自愿储蓄为战争筹资的反对意见 416—425
'How to pay for the war' (1939)	"如何筹措战争费用"（1939）367—429
Wealth, working-class wealth	财富，工人阶级的财富 368

Working classes

    should share cost of war

    and own part of national debt

工人阶级

    工人阶级应该分担战争费用 386—391

    工人阶级应该占有一部分国家债务 425

图书在版编目(CIP)数据

凯恩斯文集.第14卷,通向繁荣的途径 如何筹措战争费用/(英)约翰·梅纳德·凯恩斯著;陈明衡译.—北京:商务印书馆,2023
ISBN 978-7-100-22438-3

Ⅰ.①凯… Ⅱ.①约…②陈… Ⅲ.①凯恩斯(Keynes,J.M.1883-1946)—文集 Ⅳ.①F091.348-53

中国国家版本馆CIP数据核字(2023)第076881号

权利保留,侵权必究。

凯恩斯文集
第14卷
通向繁荣的途径
如何筹措战争费用
〔英〕约翰·梅纳德·凯恩斯 著
陈明衡 译

商 务 印 书 馆 出 版
(北京王府井大街36号 邮政编码100710)
商 务 印 书 馆 发 行
北京通州皇家印刷厂印刷
ISBN 978-7-100-22438-3

2023年8月第1版 开本710×1000 1/16
2023年8月北京第1次印刷 印张10¼
定价:68.00元